İnternetten Ayda 2000 $ Kazanma Taktiği

Hakan Uytan

Published by Hakan Uytan, 2020.

While every precaution has been taken in the preparation of this book, the publisher assumes no responsibility for errors or omissions, or for damages resulting from the use of the information contained herein.

İNTERNETTEN AYDA 2000 $ KAZANMA TAKTIĞI

First edition. July 15, 2020.

ISBN: 979-8215757222

Written by Hakan Uytan.

Also by Hakan Uytan

internetten Para Kazanmanın en Kolay Yolu
KiTAP YAZARAK PARA KAZANMAK
156 Sweets Recepis
İnternet para makınası
Smoothie Rezepte 201
İnternetten Ayda 2000 $ Kazanma Taktiği
KISA SÜREDE SiGARA NASIL BIRAKILIR
Kısa sürede sigara nasıl bırakılır

İÇİNDEKİLER

PARA

BU SAATTEN SONRA HAYATIN eskisi gibi olmayacak

ETRAFINA BAKMALISIN

GERÇEKLER

ŞIMDI KONUMUZDA DUYGULARINI uygulamayı ögreneceğiz

7 ÖNEMLI BAŞARII KURALLARI

ERKEN UYU ERKEN KALK!

FAZLA IÇME YADA HIC içme

ETRAFINDAKI KIŞILERIN positif olmasına dikkat
    işletme düşünceni başkalarından koru!
    Hayallerini devamlı gözlerinin önüne getir
    İkinci adım ,bulacağın ürün ve niş

Hobilerin ve en cok yaptığın hangi şeylerden zevk alıyorsun?

ÜRÜNÜN PIYASADA VARMI?Yoksa ilk olarak senmi yapmak istiyorsun?

Araştırma yapma

TAM OLARAK NE KADAR kazanmak istiyorsun?

Bu sefer Upsell ve E-mail Marketing'i ortaya çıkarıyoruz.

E-Mail Marketing nedir?

10 ADIMDA EN IYI DIJITAL ürünü nasıl hazırlayabilirsiniz?

ILGINI ÇEKEN ,HEP YAPMAK istediğin ve zevk aldığın bölümü tam anlamıyla öğren!

ŞIMDIDEN ÜRÜNÜNÜ BIR isim bul ve artı iki ücretsiz hediye edeceginiz küçük E-Kitap içinde isim araştırın.

ŞIMDI YAPMAK ISTEDIGIN ürün hakkında kendine 6 Kitap siparişi ver!

ŞIMDI YAZACAK OLDUĞUN E-Kitabın içeriklerini en az on bölüme ayır.

İŞÇILIKTEN IŞVEREN olmak!

BUNU MUTLAKA YAP

DAHA FAZLA ENERJI ALMANIZ için 6 harika ipuçu

- E-kitap Tam Olarak Nedir ve Bunu Bu Kadar Özel Kılan Nedir?

Okumak İçin Bir E-kitabı Nasıl Edinebilirsin?

1. 1.İndirme
2. 2. Ödeme
3. 3. Okuyucunun Yüklenmesi
4. 4. Tarama ve İyi Eğlenceler

E-kitaplar Sadece Okumak İçin Değil, Daha Birçok Özelliği İçin Tercih Edilebilir

1. Yüksek Sesle Okuma
2. Yanlış Kitap mı Aldınız?
3. Kitap Arşivleme

- E-Kitapların Yararları
- E-Kitapların Dezavantajları
- Kitap Yapımı Kronolojisi
- E-Kitabı Kendiniz Nasıl Yazabilirsiniz?
- Ghostwriter (Hayalet Yazar)
- Hayalet Yazarları Nerede Bulabilirsin?

- Konularla İlgili Bilgileri Nereden Buluyorsunuz?

Uygun bir konu bulmak için aşağıdakileri yapabilirsiniz
- E-Kitap'ları Nerede Pazarlayabilirsiniz?

İşte başlamanız için dokuz fikir

Çok satanlar listesindeki e-kitapların sırası nedir? Aşağıda açıklanan stratejileri kullanın.

10

E-kitabınızla para kazanmak istiyorsanız, aşağıdaki hatalardan kaçınmanız
gerekir

E-kitap kalite kontrol listesine bir göz atalım Plana daha yakından bakalım
Amazon'da bir kitap bulmanın iki yolu vardır Yazı yazmak için bazı ipuçları
Amazon KDP

İnternetten sermayesiz işe başlanıp bir sene sonra 10.000 Dolar kazanılabilinir mi?

Eğer doğruysa bunu herkez yapabilir mi? Cevabım : Internetten para kazanmanın bence tam zamanı ve yeri.Çünkü 1800 yıllarda gemilerle altın aramayı artık insanoğlu internette yapıyor . Sevgili okuyucularım . Burada yazdığıma tabiki kuşkulu bulacağınızı biliyorum.Size hak veriyorum:herşey o kadar kolay değil.Çalışmadan , çaba göstermeden para kazanamazsınız.Zaten bunu çoğu kişide başaramıyor . İnternetten para kazanarak finansal özgürlüge ulaşmanın en önemli üç kuralı ;

1- İşe isteğinizin olması

2-Yeterli bilginizin olması

3- Sabrınızın olması .

Bu kıtabımda sizlere bu üç olanağı size vereceğim . İçinizdeki mekanizmayı geliştirmek ve internet ile finansal özgürlüğe kavuşmanızı sağlayacağım. Benim inandığım birşey ,bütün insanlara bu dünyada yeteri kadar güzel bir hayat ve mutluluk verecek, internette yeteri kadar gelir kaynağı var ;

-İspanya gezisi yapacak

- İstediğin zaman tatil yapacak

- İstediğin yerde çalışıp dünyada ticaret yapacak kadar ve daha fazlası . Kısacası özgür ve rahat yaşamak .

Önemli olan öğrendiğimiz

-İsteğinizin olmasi

-Yeterli bilginizin olması.

Çoğu kişi internetten para kazanmaya başladıktan sonra yaşamak istedikleri şeyleri bir kenara atıp para delisi olup hayatlarını yaşamazlar.Yada iflas ederler veya yapmak istediklerinden vazgeçerler .

Peki neden? Çünkü internetten para kazanmak için belirli ve büyük bir gerçek amaçları yoktur.Sadece bir şeye konsantire olmazlar ve sabırlı değillerdir . Evet binlerce kişi bilgileriyle süper paralar kazanıyor ama asıl olan istek ve sabır . Öncelikle başta çok çalışma gerektirir ama aceleci ve küçük amacı olanlar, işlerine başlamadan batarlar.

Onun icin bu kitapta kendinizin nasıl ;

-İnternetten para kazanmak için, geliştirerek en 10000 TL kazanabileceğinizi -Takip edeceğin yolu ve yetecek kadar bilgiyi.

-Uzun zaman işletemenin veya internetten para kazanmaya konsantre olmanı ve pes etmemeni, anlatacağım.

Çogu kişiler sizinle bütün bu bilgileri paylaşmazlar.Sadece size taslak bilgiler veya eksik bilgiler verirler.Dikkat edin bir meslek sahibi olmak istediğinizde, size sadece o işi iyi yapmak için bilgi verirler .Sadece o mesleği yapabileceginiz bilgi ,ama sizin o işte konsantre ve iç güdü ile ilgili bilgi verilmediği taktirde o işte başarılı olmanızın şansı çok azdır .

Bu kitap senin elinde yeterli bir maden olmalı.Bu kitapda anlatacaklarımı teker teker uyguladıktan sonra tohumlarını kesin alacaksın.Yada bir kenara atıp para harcama hevesini karşıladıktan sonra tozlanmaya bırakacaksın.Sonrada haftada 40-50 saat başkasını zengin etmeye devam edeceksin. Tabiki bu sana kalmış birşey . Bu hayat zaten senin.

Bu kitabimda herşeyi bulacaksın ,tabiki internetten para kazanman için sana yardım etmek benim için gurur verici,seninde paraya ihtiyacın olmadan özgür bir hayat yaşaman beni sevindirir.Benim burada amacım benim çektiğim zorlukları kimsenin çekmemesidir. Bende ilk başlarda kitap alıp yarısını okuduktan sonra kitaplıkta tozlanmaya bırakıyordum.Ama bu kitabı eğer gerçekten anlayarak ve uygulayarak sonuna kadar okursan geri kalan hayatını gerçekten değiştireceksin .

2013 yılından beri başarılı olduğum kadar başarısızda oldum ve hatta 10.000 Euro dan daha fazla harcadım. Bu kitabımda madalyonun sadece iyi yanını değil (çoğu kişinin yaptığı gibi kiralık Porsche,Ferrarilerle değil)iki tarafınıda anlatacağım.

Öncelikle bu kitabı okurken küçük etiketler, önemli yerlerin altını çizmek için renkli kalemler kullanmayı unutmayın.Unutmamak istediğin veya ileride hatırlamak istediğin yerleri mutlaka işaretle. Bu kitabı mutlaka baştan sona oku,çünkü bu kitapta herşeyi adım adım anlattım ,bir başından, bir sonundan okursan sana hiç birşey kazandırmayacaktır .Bu kitap senin hayatını değiştirecek bir kitap olacağı için üzerine çizip notlar alman senin için çok yararlı olacaktır.Bu kitabı gösteriş olarak sadece kitaplıkları doldurmak için aldığınızı zannetmiyorum.

PARA HERSEY DEĞİDİR BUNU HERZAMAN AKLINA GETİR.AMA ŞUNUDA HİÇBİR ZAMAN UNUTMA, NE KADAR DAHA FAZLA PARA KAZANIRSAN O KADARDA FAZLA DELİLİK YAPARSIN.

Çoğu kişi İnternet Marketing'i yeni tespit ediyor ve bu yeni tespit edenlerin çoğuda internetin verdiği olanaklardan çok memnun.

Sadece evde oturarak evden çalışmak,iş saatlerini kendine göre ayarlamak ve gününü iyi değerlendirerek internetten para kazanma duygusu bile insanı coşturuyor.

Ama dediğim gibi çoğu kişi başaramadım deyip belli bir süre sonra bütün emeklerini yarım bırakıp yaptıklarından vazgeçiyorlar,kapatıyorlar yani bunlar iflas etmiyorlar aslında ,onlar internetten para kazanamadığını,yürümediğini, işlemediğini söylüyorlar.Aslında işlemeyen veya yürümeyen internet Marketing değil,bu kişilerin asıl kendileridir.

Online Marketing,internet sayfası açmak artık eskisi kadar zor değil.8-10 yaşındaki bir çocuk bile artık bir sayfa açabiliyor.Onun için herkez bir internet sayfası açabilir ve internetten para kazanılıp kazanılmadığını kendisi karar verebilir.

İki tıklama ile para kazanıldığında inanıyorsanız bu fikri hemen kafanızdan silin.Bunu mutlaka unutmanız gerekir.Bu şekilde anlatanlarada ne inanın,nede onlara paralar yatırmayın.Benim zamanında yaptığım gibi;-).Bunların gözleri sadece sizin paranızdadır.

Ama yapmak istediğin işe emek ve bilgi harcarsan ,o zaman hakkını alır ve başarılı olursun.Tabi yanında masa üstü bilgisayarın olması şart.

İnsanların olmayacak şeylere başarmasını zamanımıza kadar yaşadık ve yaşıyoruz.En azından küçük bir örnek ;Aya uçmak gibi.

EKSİK OLAN TEK ŞEY ,AÇIK BİR HEDEF.

Bilmeniz gereken öncelikle,bu işi neden yapmak istediğin,zor durumları atlatabilme kabiliyetinin olması ve diğerleri gibi pes etmemek gücünüzün olması.

İlk olarak bunları öğreneceğiz.

2013 yılından beri almış olduğum kurslar ve aldığım kitaplardan bilgileri uyguluyordum.Formlara katılıp her gün 4 forma ürünümü tanıtıyor ve satıyordum.Ama belli bir süre bazı formlar beni atmaya başladı .Günde 100 TL 'lik satış yapıyordum.Bu tabiki yetmiyordu.Bunu nasıl daha fazlaya çıkarabilirdim diye hergün düşünüyordum. Asıl amacım İnternet Marketing'de elle tutunur bir ürün değil dijital bir ürün çıkartmaktı.Nedeni ise yaptığım çoğu ürün sayfalarında kişiler ya ürünü beğenmiyor geri yolluyor yada değiştirmek istiyorlardı.Bununla vakit geçirmek zordu.En büyük sorunum dijital ürün satışa sunmaktaydı.Çünkü elimde diğer kişiler gibi kendi dijital ürünüm yoktu.Hatta dijital ürün satmak için ilk başlarda düzgün bir Türkçe site bile yoktu.Onun için dijital ürün satabilecek ve hala yürümekte olan www.esepeti.com web sitemi açtım.Dijital ürünüm olsa bile

tanınmamış kişiden kim ne öğrenmek ister ki?

Siz olsanız bu kişiden birşey öğrenmek istermiydiniz?Tabiki hayır diyeceksiniz.

Her zaman kurslarda hep duyduğum şeye gene rastladım ve onu buldum.E-Mail Marketing.Bununla işletmelerin milyonlar kazandığını öğrendim.Tabi doğru şekilde yapılırsa.Hiçbir bilgim yoktu ama okuyarak ve kurslarım ile öğrenmeye başladım.

2017'de sayfalarımda E-Mail kutusu olan;"Bizden haberdar olun,eğer sürekli bizden bilgi almak istiyorsan E-Mailini buraya yaz ve gönder tuşuna tıkla " bölümleri oluşturdum.

Altı ay demeden 3000 'e yakın E-Mail topladım.

Onlara açık bir şekilde yolladığım Emaillerde konuyu anlamaları için şu şekilde yazmıştım. -Bu ürünün şu an normal fiyatının yarısı (çok indirimli fiyatı)

-Sadece.........tarihine kadar.

-Eğer bu ürün biterse ,bundan başka malesef yeni ürünüm yok.(SON FIRSAT)

Burada prensip kişilere ürünün kısıtlı olmasını yazmak.

Kişilerin korkuları,başkaların alıp kendilerinin alamamaları ve büyük bir fırsatı kaçırmaları.İnsanlar son fırsatı kaçırıp bir daha o fırsatı ellerine geçirememekten çok korkarlar.

Dijital ürüne kendimi kaptırmamın diğer sebebi ise bir kişinin günde 300 E-kitap sattığını duyunca ,kulaklarıma inanamamamdı.

Normal bir ev kadınının günde evinde oturarak 300 kitabı satması sizce nasıl bir duygudur.Sadece oturarak para kazanmak.

Düşünün; paketleme ve yollama sorunun yok ve ürünle para kazanıyorsun.Bunu duyunca bende kendimi bu yolda adamaya karar verip ,geleceğimin iyi olacağı düşüncesi ile yola başladım.

İlk başta tabiki hemen yüzlerce E-Mail adresinin elimde bulunması mümkün değildi.Benim taktiğim,tanıdığım veya E-Mail satan kişilerden ve firmalardan E-Mail almamdı.Bunu tabiki herkez yapabilir ve başlangıç için bu şekilde başlamanıda tavsiye ederim.

KURSLARIMIZA KATILMAK için link üzerinden ücretsiz kitabımızı indirin ve elemanlarımızlarımızdan ders almaya başlayın https://bit.ly/2VMMsfd

EVET ŞİMDİ,DEVAMLI İNTERNET MARKETİNG'DEN NASIL PARA KAZANMAYA GELELİM ARTIK?

Herkezin konuştuğu E-Mail Marketing'den sonra SEO geliyordu.Seo demek arama motorlarında sizin web sayfanızın en üstlerde olmasıdır.

SEO'da en büyük sorun Web sayfanın en yukarda görünmesinin zaman almasıdır.Bunun için çoğu şeye dikkat edilmesi ve sayfanın ziyaretcilerin gözüne hoş görünmesi ,hatta beğenilmesidir.

SEO'yu sevmediğimden değil ama uğraşmak için zamanınız olması şart.Evet benimde aynen uğraşacak zamanım yok diyenleri duyar gibiyim. Sayfanızın en başlarda çıkmasında sorun yok.Çünkü bunu yapacak birçok firmalar bulunmakta.Firmaya sayfanın ismini veriyorsun ve onlar sizin sayfayı ilk baş sıralara hemen çıkarıyorlar.

SİHİRLİ ŞEY PPC REKLAMI

PPC demek, müşterilerini belirli bir ücretle satın almandır .Buda sana ucuza patlamalıdır.

Google Adword'u duymuşsundur.Google Adwords arama motorunda reklam vererek ilk adımı atmıştım.Tabi burada ilk aşama,bir şey satmak olmamalıdır.Satmak he zaman ikinci planda olmalıdır.

İlk işim oturup bir E-Kitap hazırlamak oldu,ismini" Günde 100 $ nasıl kazandım" kitabımdı. ....

Bu E-Kitabımı herkez bedava E-Maili ile değiş tokuş yapıp bedavaya sahip olabiliyordu.

Bu şekilde binlerce E-Mail adresi sahibi oldum.Bu E-Mail listelerine 49 TL olan ürünümü 29 TL'ye koydum.Bu E-Mailleri saat 18:00 'de bütün E-Mail adreslerine yolladım.İlk günde 50 tane sattım.

İlk 7 günde 6 tane belirli aralıklarla kişilere ürünüm hakkında bilgiler yazıp E-Mail ile yolladım.

İlk günkü E-Mailde "Yeni Ürün" diyerek yazdım .Çünkü yeni olan bir ürünü genellikle herkez almak ister.

Son E-Mailimde ise ekstra" Bugün son şansın" ve gece saat 24:00 de bu ürün ve teklifim bir daha olmayacağını yazdım.İşin garibi saat 22:00 ila 23:00 arasında web sayfasına akınlar daha çok olmuştu.

Burada en önemli olan ürününüzdeki bilgilerin gerçekten yararlı olması ve videonun ,kitabının iyi bir kaliteye sahip olmasıdır.Başka türlü kişiler sizden diğer ürünlerini hayatta almazlar.

Eğer kişilere daha iyi bilgi verirsen ,kişiler senden tekrar alır ve bu şekilde, internet para makinanı kurmuş olursun.

İkinci bir ürününü satarken iyi bir kalite uyguladıysan kişiler sizin diğer ürününün ne olduğunu bilmeden bile alırlar.

Yaptıklarım

-Bilgi toplamak

-E-Kitap

-Google Adwords'da ücretsiz E-Kitap reklamı

-E-Mail toplama

-E-Mail yollama

Sizde   egitim   proğramlarımıza katılın.www.internettenkurs.com[1]

Kurslarımıza katılmak için link üzerinden ücretsiz kitabımızı indirin ve elemanlarımızlarımızdan ders almaya başlayın https://bit.ly/ 2VMMsfd

---

1.   http://www.internettenkurs.com/

PARA KAZANMANIN İLK YOLU

Eğer iş fikrini buldun ve bu yol ile para kazanacağını bildikten sonra dışarıda seni bekleyen veya senin bilgilerine ihtiyacı olan binlerce kişinin olduğunu öğrenmişsindir.Şimdi yükselişe geçmenin zamanı gelmiştir.

Buradaki sonuç;

Her insan her durumda internetten para kazanabilir.Gelecek, bir kitap gibidir,yazılmamış bir kitap misali.

Önemli olan

-İsteğinin olması

-Yeterli bilgi

-Sabır

Şimdi sana sorum;

Lütfen bunların cevabını altına yazarak cevap verin

-%100 İnternetten para kazanırsan hayatını nasıl değiştirirsin?

-Hayatında tam isteyerek veya kendini vererek bir şey başardın mı?

Yapmayacağın şeyler;

-Sana "Hayır olmaz,yapamazsın,yürümez internetten para kazanmak" diyenleri hiç dinleme.

-Sana "Onlar başarmış sen başaramazsın" diyenlere inanma .Bunu herkez başarabilir.Her zaman dediğim gibi;istek,yeterli bilgi ve sabır.

İNAN VE HAYATININ GÜZEL OLMASINA SEN KARAR VER.

"Hayatındaki en büyük karar ,içindeki ruhunu değiştirirsen , hayatınıda değiştirebilirsin." ünlü bir kişinin dediği gibi.

İki kardeş.Bunlar ikiz kardeşler.(Bu bir gerçektir)Anneleri iki yaşındayken ölür.Babaları ise piskopat,nefret dolu bir insan.Devamlı içen ve çocuklarını döven ,çocuklarının hayatını cehenneme çeviren bir kişi.Yani alkolik keşin teki.

Bu ikizlerden birisi şu an bankaların önde gelen şefi.İyi para kazanan,güzel bir aile hayatı yaşayan ,villası ve iki çocuğu olan,mutlu bir kişi.

Diğeri ise;Çocuğu olmayan ,hergün içen,işi gücü olmayan ,sokakta yaşayan bir çapulçu. İkisinede sorulan soru"Nasıl böyle bir hayata sahip oldun"sorusunun cevabını bilmek istermisiniz? İkisininde cevabı "Tabiki sorumlusu Babam" idi.

Evet ikiside aynı cevabı vermişti.İkisininde hayatları bambaşkaydı ama suçlu Baba idi.

Hayatında kesin çok rastgelmişsindir, sana " Hayatım böyle, ben bir şey yapamam .Alın yazımmış" diyenleri.

Bu durumda olmanın sebebi ne devlettir,ne ortam,nede ailendir.Bunun suçlusu kimse değildir.Bunun suçlusu kendinizden başka kimse değildir.

Bazıları acılara dayanamazlar ve değişiklik yaparlar .Bazı kişiler hiçbirşey bilmeden değişiklik yaparlar.Aslında hepimiz aynı güce,aynı şanslara sahibiz.Herkezdede aynı akıl vardır. Kendi kendimizi acındırmakda sadece kendi suçumuzdur! Olanak herkeze sağlanmıştır.Olanak herkez için açıktır.

-Kötü bir ilişki

-Çok borç olmasıdır.Kendinin az zamanı olması ama çok işin olmasıdır.

-Kötü besin,sigara ve alkol alışkanlığı

-İşini sevmeme ve o işinde kendini harcaman

-Etrafındaki kişilerle sorunun olması ve bunun çözülemeyeceğine inanman.

Daha çok sayabilirim.Eğer mutlu ve başarılı bir kişi olmak istiyorsan sorunları sorun olarak değil ,onları birer görev olarak görmelisin.

"SORUN" yok,"Görev" var.Öncelikle sorun sözcüğünü ,sözlüğünden çıkarmalısın.

Şu andan itibaren problem veya sorun kelimesinin yerine görev sözcüğünü kullanın.Ne kadar zorda olsa ,lütfen bunu deneyin.

Bu kitap sadece internetten para kazanmak ve bunun için bir kaç yeri TIKLAMA değildir.Burada aynı zamanda işletmeci gibi düşünmek ve onlar gibi davranmayı öğreneceksiniz.

Eğer ileriye doğru büyük adım atmak istiyorsan davranışı ,düşünceni değiştirmelisin.İnsanların çoğu "Dünya sadece sorunlar üzerine kurulmuş olduğudur." Onlar için herşey sorundur.

Ama bunları görev olarak gören kişiler daha güçlü ve mutludurlar.Eğer bunu sende değiştirebilirsen kendini daha iyi hissedeceğinden eminim.Bu şekilde görevlerine daha kolay başaracaksın.Öğrenilmesi gereken ilk budur.Hayatını daha kolay duruma getireceksin.

ŞİMDİ KAFANI TEMİZLEMEYE GELDİ!

Önce kafandaki bazı şeyleri silmeniz gerekir.Bunlar sana önemli olmayan şeyler.Sana seninle çoğu şeyi değiştireceğimi söz vermiştim.Tabi bunları gerçekten yapmaya kararlıysan .Şimdi karar vereceğin zaman geldi.

Bu alıştırmaları yapıp yapmamak sana kalmış.Ama bu senin geleceğin ve mutluluğun için çok önemli bir karar olabilir. İnternet Marketing'de sana çok yardımcı olacağından eminim!

Neden bunu biliyorum biliyormusun? Çünkü, benimde önceden başlarken ,hep aynı sorunum vardı.Kafamdaki bazı olur olmaz şeyleri silip önemli şeylere yer açarak günümü ve mutluluğu yaşadım.

Hergün güne sabahları tam enerji ile ve mutlu olarak uyanmak mı yoksa çoğu insan gibi hevessiz,yorgun mu kalkmak istersin?Buna senden başka kimse karar veremez.

Ama kesin eminimki bu yazdıklarımı okurken,yeni şeyleri denemeyi hemen istiyorsundur.

O zaman hemen başlayalım.

Şimdi eline kağıt ,kalemi al ve

-Seni en çok kızdıran

-Korkutan

-Sinirlendiren

-Yapamıyacağım dediğin şeyleri

-Kendine güvenemediğin şeyleri teker teker yaz.

Bu yazdığın listeden bazıları senin beynine işlenmiş olamayacağını düşündüğün şeyler.

Ama bunlar her insanda olan normal şeyler.Bunlardan hiç korkmana gerek yok.Bu beynine takılmış olan bazı şeyler senin ilerlemeni engelliyor. Bunları yok etmek için daha güçlü düşüncelerle kendini canlandır.

İyi bir ödev olduğunu biliyorum,şimdi bütün beynindekilerin ,bir eve yeni eşya alıp yerleştirmek gibi yeniden düzene sokmak.En azından yeni eşyalar ve mobilyalar için yer açmayı öğrenelim.

Ödevini öyle iyi yapmalısınki bir işe yarasın.

Benim burda bir yapacağım bir şey yok,herşey kendi elinde.

Şimdi 20-30 dakika kendine ayırarak şu sorularıma yazarak cevap ver; -Ailenin sevgiye ve para ile arasındaki yaşantı nasıl ?

-Bu zamana kadar büyüklerinden eksi anlamında öğrendiklerin (yani sana yapma etme dedikleri şeyler)ve sana zor gelen şeyler nelerdir?

Yapmaman gereken şeyler;

-Çoğu insanın dediği gibi "Bu benim alın yazımmış,ben Bir şey yapamam"demek.Kendi   yaşantını   kendin düzenleyebilirsin.Başaramayacağım diye birşeye inanma.

-Zamanını kötümser gören veya hep olmaz,yapamam,dırdır eden ve kötü kişilerle geçirme.Bu şekilde kişilerle zaman geçirirsen sende onlar gibi olursun.

Gençken ve küçükken öğrendiğin ama istemediğin düşüncelerden nasıl kurtulacağımızı şimdi öğrenelim.

Düşündüğümüz şey kendimiziz.

Düşündüğümüz şey kendimiziz ,biz kendimizin nasıl olmasını istiyorsak biz oyuz.Kendi düşüncelerimiz ile kendimizi yaratırız.

Kendi istediği hayatı yaşayanların sayısı fazla değildir.Bunlar kendilerini hapseden hayatın içindedirler.Çoğu kişi bu hapishanenin çıkış yolunu bilmezler.

Beynimizdeki düşüncenin değiştirilmesinin ne kadar zor olduğunu bazı deneyimlerle kendinde bulabilirsin.

Sana şunları soracağım;

-Ayakkabını ilk hangi ayağınla giyersin?Sağ mı? Sol mu?

Aklına gelen bence;"değişir" veya " hiç bilmiyorum"dur.

Ama sana şunu söyleyeyim,sende dikkat et ,hep aynı ayakla başlarsın ayakkabını giymeye.

Bunu şimdi değiştirmeye çalış ,hep sağla giyiyorsan, sol ayakla başla ayakkabıyı giymeye.Bu kolay bir iş değil .Yıllarca hep sağla giydiğimiz ayakkabıyı sol ile giymek.Yıllarca işleyen bu beynin mekanızmasını birden değiştirmek zordur.Bunu değiştirmek her gün yapılmak süretiyle 30 veya 60 günde alışılmış duruma getirilebilinir. 30 ila 60 günde ayakkabıyı sol ayakla giymeye alışırsın.

Beyin mekanızmasını değiştirmek başlarda kolay olmaz.

Bunu ben bir uçağın ilk başta yükseklere çıkarken harcadığı enerji ve belli bir yüksekliğe ulaştığında havada kolayca durabilmesine benzetirim.Yükselirken büyük bir enerji harcaması ama yükseldikten sonra normal enerji harcaması.

Buna başarabilen insanlara ve bu kitaptaki yazılanları başaran insanlara hayranım.Ama çoğunluğu, enerjisinin yoğunluğunda yarıda tükeniyorlar.Başarıya ulaşamıyorlar.

Birçok kişi başaramamaktan korkarlar ,çünkü onlar"Benim hayatım bu şekilde iyi" diyerek korkularını başkalarından saklamaya çalışırlar.

Eğer İnternet Marketing'de iyi olmak istiyorsan bu şekilde düşünmeye zaman ayırma.

Bu gibi düşünceler ,bilgisayardaki virüslere benzer.Virüsün içinize girip normal bir hayat yaşıyormuş duygusuna kapılmak.

Bunun gibi konuları sonra işleyeceğiz ama önce işe yaramayan düşünceleri aklımızdan çıkarmamız lağzım.

Şimdi sana yeni bir ödev;

Bunları teker teker yaz lütfen.

Bugün ve bütün hafta.Diğer bölümde yazdığın problemlerden birini bir kağıda yaz ve Bilgisayarın üzerine yapıştır.

Sonra bunların cevaplarını yaz.

-Bu düşüncede yanlış olan nedir?

-Bu düşünceyi kimden almış olabilirim ve bu kişi benim modelimmi?(örnek alacağım kişi mi?)

-Bu düşünceleri yerine getirirsem,fiziksel,duygusal ve zihinsel olarak ne deyavantajlara sahip olacağım?

-Kendimi bu rahatsız edici düşünceler ve inançlardan kurtarırsam ne gibi avantajlara sahip olurum? Şu düşüncelerini kontrol et!

Kendi hayatının bu şekilde olmasını kendin seçtin,iyi veya kötü kararlarınla şu andaki bulunduğun ortamı kendin çizdin.İlk başta tabi bunu kabullenmek zor gelecek.Bu istemediğin bir yaşam, hayat ise dahada zor gelir.

Şimdi yazmaya ne dersin?

Fantasilerini ve rüyalarını yaz.Önemli olan bir çocuk gibi herşeyi hayal edip istemen. Eğer istersen arkada hafif bir rahatlatici müzikle bunu yapabilirsin.Seni kendinle başbaşa bırakacak sakin bir yerde olabilir.Yeterki sizi rahatsız edecek bir yer veya kişi olmasın.Cep telefonunu bu arada kapatmayı unutma.15 dakikadan daha fazla yazmak istersen tabiki yazabilirsin.Bunlari yazarken kesinlikle kalemi bırakma.Yani yazarken aklına gelen herşeyi bir çırpıda yazmaya çalış .

Diğer bölüme geçmeden bu denemeyi lüften mutlaka yap.Bu senin geleceğinle ilgili. Evet başlayalım artık . Sonuç olarak bu bölümde yaşamında kesin bir amacın varsa sonsuza kadar rüya görebilirsin.Çocukken hayallerin hiç sonu gelmez, gerçekleşip gerçekleşmeyeceğini bilseler bile.Ama yinede hergün hayallerle yaşarlar.Büyükler hayal eder ama denemezler, rahatlık ve korkaklıktan .

Kendine şunları sor;

-Bu zamana kadar maddi ve manevi durumumdan isteyipde görmediğim bir hayal veya rüya varmı ?

- Ailemin,ögretmenimin ve büyüklerimin engel olduğu hayal veya rüyayı görmememi istediklerin sebebi ne idi?

Şunları yapmamalısın ;

-Bu denemeleri ileri tarihlere atma. Bu senin sadece 15 dakikanı alacak.

-Bu deneme yanında kimsenin kesinlikle seni rahatsız etmesine izin verme ve kimseye gösterme.Seninle dalga geçilmesine izin verme.Bunu yazarken mutlaka kendini ver ve konsantre ol.

Size gerekli olacak en önemli bütün Programların toplandigi tek bir Program:https://bit.ly/2ztTvkJ

Kurslarımıza katılmak için link üzerinden ücretsiz kitabımızı indirin ve elemanlarımızlarımızdan ders almaya başlayın https://bit.ly/2VMMsfd

SORULMASI GEREKEN EN iYi SORULAR

Başarılı olmanız için, kendinizi mümkün olduğu kadar muadili pozisyonuna sokmalısınız. Nasıl mı ? Kendinizi hedef grup analizinin temel sorularına adayarak. Ve onlara ayrıntılı olarak cevap verin. Bu sorular aşağıdaki gibidir:

- Müşterinizin en büyük sorunu nedir?

- Müşteriniz sorunu çözmezse ne gibi acılar çekiyorlar?

- Müşterimin ideal koşulu nedir? Amaç nedir?

● Müşterinizin amacına yaklaşmasına yardımcı olan hangi sorun çözmeyi sunuyorsunuz?

● Bu çözüm müşterinizin yaşamını nasıl daha iyi, daha kolay, daha yaşanabilir hale getirir?

● Müşteri, ideal koşula ulaştığında ne gibi bir deneyim yaşar? Fark ettin mi artık içerik pazarlamasında duyguların ne kadar önemli olduğunu hissediyor musunuz? Tüm satış sürecinde ne kadar önemli? Bu soruları kendinize sormaya devam edin. Yeni ürünler geliştirirken bunları hayal edin. Yeni metinler ve reklamlar üretirken bunları hayal edin. Onlara kapsamlı bir şekilde cevap verirseniz, tekliflerinizin üretimi ve pazarlanması sizin için çok daha kolay olacaktır. İçerik yalnızca eğlenceli ve dokunaklıysa iyidir.

KESİN BİR HEDEF VE TARİHİ BELİRLE.

Çoğu kişi bir senede yapacağının hesabını yanlış yapar ve istedikleri amaçlara ulaşamazlar .Bir senedeki amaçlarını ve isteklerini alfabelerle kolay yazabilirsin ama gerçek hayatta o kadar herşey kolay olmaz. Bir yıl içinde başaramayacağın 20 hayali veya hedefi gerçekleştiremessin.Bu olabildiğince

çok fazla hedeftir.Birine konsantre olmak varken yirmisinle başa çıkmak olmayacak bir hayaldir. Geçen bölümde yazdığın hayalleri düşün . Ne kadar çok degilmi?

Bunları kısa zamanda başarmak tabiki imkansızdır. Bunları uygulaman için bir hedefin olmalı ve bunlarla kalkmalı, bununla yaşamalısın .

HAYALLERİN SINIRI NEREYE KADARDIR?

Tabiki bir tekerlikli sandalyede oturan 95 yaşındaki bir kişiden astronot olmaz,yada 1,50 Meter plan kişiden süper bir basketbolcu olması beklenemez. Diğer taraftanda çoğu insan kendisi hakkında yanılıyor .Burada herkezin başarabileceği bir online ticareti anlattığımda ve çok paralar kazanacağınızı söylediğimde herkez yapabileceğini zannedip yanılan çok oluyor. Çünkü bunlar kendilerini ve bütün vücudunu ,düşüncelerini hayattaki hedeflerine vermiyorlar.Burada konsantre olmanın ve uygulamanın birinci amaç olduğunu hatırlamıyorlar.

Çok az sayıda ebeveyn çocuklarına ne kadar büyük olasılıklı olayların olduğunu öğretmek istiyor? Anneler, bazı şeylerden kendimi korudum ve böylece hayatta kaldım diye cocuklarına bazı zararlı şeyleri gösterirler.

Çoğu zaman, çocuklar çok fazla temkinlidir ve kendilerini bu korkudan vazgeçiremezler. Buna ek olarak, bugün çok az sayıda öğretmen tamamen motive ve mutlu öğrencilerinin yapabileceğine inanmak hayallerini gerçeğe dönüştürerek kendi hayatlarına öncülük etmeyi ögretirler. Bir öğretmen bunu ancak ikna edici şekilde öğrencilerine aktarabilir.Ama çoğu öğretmen gerçek hayatta nasıl zorlukların olacağını ve onlarla nasıl karşı çıkaracağını göstermez.Mesela hayatta nasıl para kazanıldığını öğreten bir öğretmen veya ders okullarda hiç görmedim. Öğreteceklerinide zannetmiyorum.

Gerçeklik Nasıl Gerçek?

Lütfen aşağıdaki senaryoyu düşünün:

Bir anne üç yaşındaki çocuğuyla yürüyüşe çıkar. Üzerine

çocuk yanlışlıkla yavaş bir kertenle üzerine bastığında anne küçük hayvanı tehlikeli bir yılanla

karıştırır ve hemen deli gibi çığlık atar.

Anne , çocuğu yakalar ve ona sarılır.

Bu çocuğun hayatının geri kalanından yılanlardan korkma olasılığı bu deneyimle dahada yükseldi mi? Elbette! Bir çocuk, küçükken

tamamen bu dünyaya temiz duygularla gelir. Ebeveynlerini çok izlerler ve eğer ebeveynler bir şeyden korkarlarsa ,çocuklar bu şeyden korkmaları gerektiğini öğrenirler. Yukarıdaki örneğimizde aslında zararsız olan bu küçük kertenkele. Bunu üç yaşındaki küçük bir çocuk tabiki bilemez.

Bilim adamları, insanların 6 yaşına kadar zamanda dışardan gelen tepkilere aşırı duyarlı olduğunu tesbit ermişlerdir.

Bir baba oğluna "Bağırıp durma"diye bağırdığı zaman sizce çocuk susar mı ? Çocuğa duygusal bir şekilde anlatsa daha başarılı olur.Çocuklar altı yaşına kadar duygusal yönde etkilidirler.

İyi yönü bütün insanlar inanç ve duygusal ,düşünce olarak değiştirilebilirler.Yani bu demektir ki ailenizden gördüğünüz çoğu alışkanlıkları değiştirmek sizin elinizde. Devamlı alıştırma yapmak şarttır.

Gelelim yukardaki örneğe.Baba devamlı oğluna bağırırsa çocuğun ilerde baba gibi olması çok normal birşeydir.

Diyelim ki sizin her zaman "ben sakar birisiyim"diye devamlı düşündüğünüzü ve söylediğinizi. Bunu önceki sorduğum sorularla cevaplamaya çalış.Bu sorularla ,bu sorununu kısa sürede çözebileceksin.Aynı zamanda beynine yeni bir inanç düşünce yerleştirmende önemlidir.

Mesela "Ben sakarım"yerine "Ben bu işin ustasıyım" diyebilirsin. Bunu aynananın karşısına geçip

söyle desem kesin şunları düşünürsün;

-Ne kadar saçma

-Bu çok saçma ben aslında gerçekten sakarım

-Ben delimiyim aynanın karşısına geçip kendi kendime konuşacak. Birisi beni görse bu kafayı yemiş der.

Eğer bunu 30 gün sabah ,akşam söylerseniz (sabah kalkınca ve akşam yatmadan önce)o zaman bu inanç sözlerinin sizin için ne kadar normal birşey olduğunu anlayacaksınız .Önemli olan pes etmemek.Bu method çok saçma gibi görünüyor ama inanın bana işe yarıyor.

Dediğim gibi vazgeçmemek,en az 30 gün bunu uygulamak ve konsantre olmak. Bunu saçma bulup yapıyacağınızı tahmin ediyorum ama sadece bir ay dene.Bu senin günde sadece bir dakikanı alacak. Gün boyu positif şeyler düşün.Bunların hepsi size yarayacak inanın.

Sonuç:

Eğer birşeye inanmazsan ne kadar çaba göstersende onu başaramazsın.Sadece içten inanmayıp kendinden şüphe edersen o isteklerin gerçekleşmez.Düşüncelerini tetiklemiş olursun. Kendine sorman gereken sorular şunlardır;

-Hangi inanç kelimeleri bana yardımcı olur ve hayatımı değiştirebilir?

-Aynamın köşesine bu inanç kelime veya cümlesini yapıştırsam hergün bu sözleri söylesem hayatımda bir yeri olurmu?

Ne yapmamalısın;

-Bu söylediklerimi saçma bulman ve

yapmaman .İnanın bunların size çok faydası olacak.

-Akşamları yoldaysan bu söylediklerimi unutma ve bu çalışmayı yap.Cep telefonunun alarmını kur ve bir dakikalık alıştırmanı yap.Unutma!

YAZMAN GEREKEN VE CEVAPLAMAN GEREKEN ŞEYLER

1-Hayatımda ne istiyorum?

2-Kim olmak istiyorum?

3-Bu zamana kadar ne istedim?

4-İş hayatında istediğim bir varmı sevdiğim?

5-Ayda ne kadar kazanmak istiyorum?

6-Nasıl yaşamak istiyorum?

7-Vücudum nasıl olmalı?

8-Sigara ve Alkol yaşamımda olmalımı?

9-Nasıl bir arabam ve evim olmalı?

10-Nerede yaşayacağım?

11-Ne gibi alışkanlıklarım olmalı?

4 ADIMDA YENİ AMAÇ

Düşün,arabaya biniyorsun,anahtarı alıp kontağa açıp motoru çalıştırıyorsun ve

sürüyorsun .Rahat ama nereye gideceğini bilmiyorsun.Arabayı sürmekte amacın rahatlamak ve mutlu olmak.Arabayla gezerken bir bakıyorsun hiç hoşlanmadığın bir

yere gelmişsin.Arabaya binip tekrar sürmeye devam ediyorsun.Güzel bir günde eline haritayı alıp bakmaya başlıyorsun ve geçen sene geçtiğin yolu seni şu andaki olduğun yere getiren yol.Ama bu yol ve yer daha güzel olabilirdi.

Peki hiç düşünmeden ,amacın olmadan çıktığın bu yolda çıkmadan önce bir amacın ve belli bir yere gitmek istediğin bir yer olsaydı böylemi olurdu?

Çoğu insan kendini hayatını geleceğin çizmesine bırakır.Suya bırakılan kağıttan kayık gibi.Hayat nereye sürüklerse oraya giderler.Sevmedikleri bir yerde yaşamaya devam ederek kaderim buymuş derler.Onların suçu değildir.Kaderin

suçudur,geleceğin ve geçmişin suçudur yada ailesinin suçudur. Çoğu insan gelecek için çok iyi

amaçlarım,hayellerim var derler.Doğru olamaz,evet eğer şu şekilde söyleyen bir kişinin;

-Mutlu olmak istiyorum

-Zengin olmak istiyorum

-Saglıklı olmak istiyorum

gerçekçi bir hayali yoktur.Bu herkesin normal istediği şeylerdir.

Yaşamınız üzerindeki gücü geri alın!

Lütfen aşağıdaki düşünceyi kontrol edin:

Hayatınızı şimdi olduğu gibi özgürce seçtiniz. Hayatınızda şimdiye kadar vermiş olduğunuz tüm iyi ve kötü kararlarla mevcut olan yaşam kalitenizi kurdunuz. İlk başta size normal bir şey gibi görünebilir özellikle mevcut yaşam durumunuzdan memnun değilseniz, size zor gelebilir.

Ama gerçek şu ki, sadece hayatınızı sevdiğinizi fark ederseniz seçmekte özgürsünüz, seçimini kaldırma gücüne de sahipsiniz ve

yeni kararlar almakdada. Yaşamınız üzerinde sadece tam sorumluluk alırsanız güç kazanabilirsiniz.

Kendini gerçekten rahat hissettiğin bir yerde mi yaşıyorsun?

Gerçekten sevdiğiniz bir yaşam partneriniz var mı? Ve kiminle gerçekten mutlusun?

Gerçekten hoşlandığınız hobileri mi uyguluyorsunuz?

Hayalindeki işe profesyonel olarak mı geldin?

Bu soruların hiçbirini, birini, birkaçını ve hatta tümünü yanıtladıysanız,hiç sorun değil. Çünkü kendine kendinden bahsetmek üzeresin gerçek rüyalar daima daha açıktır. Ne istediğinize karar verebilecek bir kişi varsa oda sizsiniz.

Hayat senin elinde , tecrübe et ve düşün, o zaman hayat sensin.Senin hayatın Patronun değil!

İş arkadaşlarınız değil!

Ailenin değil!

Karınız veya kocanız değil!

Dünyadaki hiç kimsenin yaşamınız üzerinde hiçbir gücü yoktur.

Sadece tüm sorumluluğu üstlenmeniz durumunda herşeye erişebilirsiniz. Kendiniz için heyecan verici hedefler belirlerken atmanız gereken ilk adım hayatınızı kalemle bir kağıt üzerine yazmaya başlamak , sonra yapmanız gereken kendinize inanmak ve doğru duygusal duruma geçmektir.Bunları sadece söylemek değil hissetmekte önemlidir.

Ve inanın bana: gerçek hedeflerin içinde sonsuzluklar var, muhtemelen henüz siz onları daha keşfetmediniz.

PARA

Para insanların harika bir yaşam kaynağıdır. Rahat yaşamaları ,istediklerini almaları ,istedikleri yerlere gidebilmeleri için büyük bir destektir. Tabi paranın yaşamınıza yardımcı olması için, diğer önemli etkenlerle uyuşması şart olduğunun fikirindeyim.

Kim , gerçekten kendi yaşamından memnun değilse,para kısa bir süre için bu kişinin mutlu olmasına yardım edecektir.Bir süre sonra yine hayal kırıklığı devam etmeye başlıyacaktır.Sadece kısa süreli bir sevinç ve yaşantı. Bu onun için sadece güzel bir ikramiyedir.

Bilim adamları 5.000 civarında aylık kazanan bir kişinin mutluluk hislerinin tamamen aynı kalındığını tesbit ettiler. Bu, çoğu insanın bu miktarda kendilerini finansal olarak güvende hissettikleri gösterdi ve sebeb olarak;

-Yemek yemek, uyumak gibi tüm temel ihtiyaçlar karşılandığı ve

-İnsanlar, bu maaşla başlarına hiçbir şey olmayacağına inanırlar. Bu tabi herkez için geçerli değildir. Ben Türkiye'de bazı insanları tanıyorum, ayda sadece 1000 TL ile mutlu yaşıyorlar . Bahçelerinde meyva,sebze yetiştiriyorlar ve bir kaç baş hayvanları ile hayatlarından memnun olduklarımı söylüyorlar.Bu yaşam tabi zenginlerin hayal etmeyeceği bir yaşam . Ama bu kişiler hayatlarından çok memnun olan kişiler ,çünkü eşi ,kendisi ve çocukları bu hayatı istemişler . Burada önemli olanda budur. Diğer kişilerin ,akrabalarının ,arkadaşlarının ne istediği değil, senin ne istediğindir .Bununlada kimseye zarar vermemendir.

BU SAATTEN SONRA HAYATIN ESKİSİ GİBİ OLMAYACAK.

Şimdi gelecek 12 ay için plan yapacaksın.Kesinlikle 12 aydan fazla olmamalı. Önemli olan planını kesin bilmen ve bunu uygulaman. Önemli olan kendine soracağın sorular; -Yazmış olduğun listeden senin için en önemlisi hangisi?

-Bu listeden hangisi seni daha fazla heyecan ve sevinç verecek?

-Bu listeden hangisi senin için zor ve daha fazla zaman ihtiyacın olacak?

-Bu listede hangi isteğin son sırada yer alabilir? Unutma en fazla dört isteğin olmalı .Ama en çok istediğin ve heyecanlı olanı bulmalı ve uygulamada zevk almalısın. Şimdi hazırladığın listeni al ve oniki ayda ulaşmak istediğin iki ila dört hayalini yaz veya onunla yaşa . Aklına devamlı onları getir.

Sonuç :Çok hayal etme veya çok hedefi olma kafayı karıştırır ve yapması zor olur.

Kendine soracağın sorular;

-Hangi hedefimi bu yıl gerçekleştirebilirim ?

-Hangi hedefim bu yıl değilde ilerdeki yıllar için uygundur?

-Herşeyimle hedefimi gerçekleşmeye verirsem ,gerçekten başarabilirmiyim ?

Neleri yapmamalısın;

-Kararsızlık hayallarini yıkacak en büyük Faktordür.Öncelikle kararsızlığa düşüren düşüncelerin ve kelimelerin yerine kendine güvenebileceğin düşünce ve kelimeleri diğerleriyle değiştirmelisin.

-Bu hayalinizi kimlerle paylaşacağınıza ve kime anlatacağınıza iyi karar vermelisiniz.Bunu sadece size destek olacak, yolunuzu kapatmayacak kişiler olmalıdır. Kendini bu amaç ve hayale adayıp ,hayatını değiştirmeye bütün kalbinizle inanmalısınız .

ETRAFINIZA BAKMALISINIZ.

Eğer bütün kalbinle inanırsan .Hayalin ve amacın seni A dan B ye götürür.Bunu söyleyen ünlü Edisondur. İnsanoğlunun amaçları onlara sonsuz başarılara ulaştırır . Bir oturma odasında koltuğa oturup,futbola bakarken dünya birincisi olduğunu hayal edebilirsin.Daha iyisi bunun yanında duygusallığıda yaşayabilirsin aynı gerçekteki gibi. Düşünceler öyle bir sonsuz olanakları sana verir. Bu düşünceleri uygulaman sadece iki dakika sürer.İki dakikalık düşünce ve hayal ile bütün gününü üzgün veya mutlu olarak geçirebilirsin .Normalinde olmayan şeylerle bile. İki saniyelik bir olayla bütün günün mutlu veya kötü geçtiğini kesin yaşamışsındır .Mesela sevdiğin birisinin ölümü veya sevdiğinin seni sevindirmesi gibi.

GERÇEKLER

Şöyle düşün;Bisikletinle yüksek bir dağın önündesin ve hayalinde bisikletinle bu dağa tırmanıyorsun .Birde bakmışsın dağın tepesindesin.Kendini dağın yamaçlarında temiz havayı içine çekerken çok sevinçli olduğunu hayal ediyorsun. Ama tekrar kendine gelip bir bakıyorsunki halâ bisikletin yanında duruyorsun. Sonra bisiklete binip bütün gücünle dağa doğru sürmeye başlıyorsun .Bütün gücünle ilerliyor ve ter döküyorsun. Kendini hep dağın tepesine ulaşmış olduğunu hayal ediyorsun.Bunu ruhunla ve düşüncelerinle yaptığın için başka düşüncelere yer vermiyorsun. Ara sıra başaramayacağını düşünsende amacını dağın tepesine veriyorsun. Bir süre sonra sırılsıklam olmuş dağın tepesine ulaşıyor ve temiz havayı içine çekiyorsun .O zaman anlıyorsun ki hayal etmen ile onu yaşamak bambaşka birşey .Onu başarmak ve alınteri dökmenin daha gurur verici olduğunu anlıyorsun. Oturma odasında televizyonun karşısında oturup çekirdek ve pasta yiyip zayıflamayı hayal etmekle malesef zayıflanılmıyor. Düşüncelerin, hayallarin ve uygulamaların aynı zamanda olmalıdır.

ŞİMDİKİ DUYGULARINIZI ÖGRENECEĞİZ . KONUMUZDA UYGULAMAYI

Şimdi bu listedeki hayallerinizi yaşatmaya geldik.Bunları görerek,duyarak, hissederek, koklayarak,tadarak yaşamanız. Burada yapacağın,kendini bu seçmiş olduğun hayalini yaşamak ,beynini ona proğramlamak ve onsuz yapamaz duruma gelmektir . Araştırmacılar ,beynimiz hayal ettiğimizle, gerçek olan şeyleri ayırt edemediğini buldular. Onun için istediğin hayalleri yaşıyor gibi hareket etmelisin.O hayalin gibi yemeli,koklamalı,görmeli,hissetmelisin.

Onun için şimdi yeni bir ödev geliyor. Bunun için istek,amaç için her birine 15 ila 30 dakikaya ihtiyacın var.Ne kadar uzun olursa bu senin geleceğin için iyi olur.

Öncelikle büyük bir başlıklarla hedeflerini madde olarak yaz.Mesela "Bu seneki başarmak istediğim hedefim" Bunun altına alt alta tekrar başlıklar atarak,mesela;

-Görüyorum

Kendimi ,bilgisayar başında sevinçli olarak E-Mailllerden müşterilerin siparişlerini görüyorum.

-Duyuyorum

-Hissediyorum

-Kokluyorum

-Tadıyorum.

Bunlarin hepsini yazarak ve bilinç altında hissetmeye çalış .Kendimizi olacağımız yerde hissetmeye yavaş yavaş alıştırmalıyız.

SONUÇ :Hayaller sonsuzdur.Beynimiz gerçekle hayali ayırt edemez.Uygulamalarla istediğin yerde kendini hissedip yaşıyor gibi yaparsan ,amaçların ve hayallerin otomatik olarak sana gelecektir.

Kendine sorman gereken sorular;

-Geçmişimde yapmak istediğim hayalimi gerçekleştirdiğim ve rahatladığım bir zaman varmı?

-Geçmişte hiç istemediğim birşeyi görüp bunun başıma geldiğini gördüğüm zaman oldumu?

Yapmaman gereken şeyler;

-Eğer hergün negativ birşey hayal edip görürsen kendini otomatikmen onun üzerinde konsantre edersin.Bilinçaltı bunun positif veya negatif diye ayırt etmez.Onun için ne hayal ettiğin önemli.Negatif değil positif hayal et.

-Kendini başkaların karşısında küçük hiçbir zaman görme. Başkalarının üzerindende kendini hayallerin için kullanma.

7 ÖNEMLI BAŞARI KURALLARI

Maraton koşanların çoğu bir sona ulaşırlar.Bu genellikle geç olur. Kısa bir süre sonra Internet Marketing'in sırlarına kavuşacaksın ama iki adımını daha bilmen gerekir.Buda sonuçta başarıyı kötü kullanananlar ve A dan Z bunu bildikleri söyleyip başaramayıp başka tarafa yönelenlerdir. Onun için bu bölümü ilerde daha rahat çalışmanız için yazdım .İyide bu kadar bilgiyi bilipte internet Marketi başaramayıp neden başka yönlere dağılıyorlar .

Söyleyeyim:Bunlar,   gerçek   amacı   ,hayali olmayan,"neden"kelimesini kullanmayan kişiler .Bunu, bir önceki bölümlerde ,okuduklarından anlamışsındır.

-Bunlar sabıra sahip olmayan ,yani gerçek hayali olmayan kişileri gösterir zaten.

-Bunlar , kendini bırakmış kişilerdir.

-Bunlar ,danışacakları ve telefon edip soru soracakları egitmeni,bilgili bir ögretmeni olmayan kişilerdir. Onun için size benim ve elemanlarımın yardımcı olabileceği bir " internet para makinası "kursunu www.internettenkurs.com[2]ile size sunuyoruz.

(Kurslarımıza katılmak için link üzerinden ücretsiz kitabımızı indirin ve elemanlarımızlarımızdan ders almaya başlayın https://bit.ly/ 2VMMsfd)

HER INSAN KENDI KURALLARINI kendisi kurmalıdır.Ama bazı kuralları kendisi kurarken kendine kolaylık getirecek şeylerde bulmalıdır.Buda alışkanlıkla daha kolay yapılıyor. Şimdi size, yapmanız gereken alışkanlıkları yazacağım.

---

2.   http://www.internettenkurs.com/

ERKEN UYU ERKEN KALK!

Bunu ilkokula başladığımızda söylerlerdirdi ve buna hiçbirimiz takmazdık. Hatta bir şarkısı bile vardı. Beni önceden tanıyanlar genellikle fazla uyuduğumu ve öyle vakitlerinde kalktığımı bilirler hatta 19-20 yaşlarında iken annem bile buna çok kızardı.Günde on , oniki saat uyuyordum. Şimdi erken kalkmanın faydalarını yaşıyorum. Şunu farkettim ,sabahları kalkınca hiç kimse ile konuşmadan önce ,daha rahat çalışabiliyorum .Çünkü gürültü yok,ortalık sessiz sakin. Çalışmaya elverişli zamanda erken kalkıp koşu veya spor yaptığında beyin daha çabuk ve iyi çalışıyor.Lütfen bana inanın ve bir deneyin.

Benim için her zaman erken uyumaktı sorun olan.Ama birgün sonraya dinçli kalkmak için 8 saatlik uyku yetiyordu .Ara sıra tabiki geç uyuduğum vakitlerde oluyordu.Ama genelliklle erken gidiyordum yatağa . Akşam saatleri 8-9 da yatağa gidip eğitim veya internet Marketing ile ilgili okuyup yattıktan sonra ve sabah erken kalkıp spor yapınca beni daha iyi anlayacağınıza eminim.Eğer spor yapmayı sevmiyorsan ilk başlarda iki üç dakikalık yürümeyle başla işe.Sonra alışkanlık yaptıktan sonra hergün yarın saat yürüme alışkanlığını yap kendine.Bu en iyi meditasyon ve konsantre olmanı sağlayan enerji kaynağı. Her kas yapısında dahada stress atmış olacaksın .

FAZLA iÇKi iÇME YADA HiÇ iÇME

Az içme tabiki kimseye zarar vermez diyenleri çok duydum ama bu az içmeninde cebine zarar verdiğinide bilmeyenler var.Hele buda bir alışkanlık haline geldiği,zaman,hem vücudunuza hemde cebinize zarar verecektir.Bir bardakla serhoş olunmaz diyenlerede inanmıyorum . Eğer gerçekten bir bardak şarapla serhoş olmam diyorsan,dört hafta hiç alkol içme ve sonra bir bardak şarap iç bakalım etkileniyormusun .Bir gün sonraki sabah kalktığında yaptığı etkiyi sende göreceksin.

ETRAFINDAKi KiŞiLERiN POSiTiF OLMASINA DiKKAT ET!

Eğer bu saydığım kurallardan birkaçını yapmak istiyorsan ,mutlaka bunu yap.Bu senin hayatını, ya düzenler yada mahvedebilir. Biz insanlar etrafımızdaki kişilerin uygulamalarından ve konuşmalarından hemen etkilenen varlıklarız. Uzun zamandır beraber olduğun arkadaşlar,sırf saçma davranışlarından dolayı sevmediğin kişiliğini belli bir süre geçtikten sonra seninde onlara benzeme olanağın % 90 dır .Bunun seninle alakası yoktur ,bu herkezde otomatikmen olur. Onun için çocuklar %99 ailesinden gördüklerini uygularlar.Bunu anladığımda,geçmişdeki arkadaşlarıma bir baktım. Burada kendine sorman gereken soru şu olamalı ; "Bu beraber dolaştığım arkadaşlarım gibimi olmak istiyorum" Evet mi? Ha o zaman tamam devam et böyle. Hayır mı? O zaman kendini onlardan kurtarmaya çalış ve kendini onlara teslim etme.O arkadaşlarını değiştir veya oradan taşın ! Onlardan uzaklaş ve onlara benzememek için gereken herşeyi yap.Kendini onlara adama. "Ama Mehmet benim 18 yıldan beri arkadaşım,onunla sadece iyi bir geleceğim için irtibatı kesemem,bunu unut"diye düşünebilirsin.

Burada sana verebilecek cevabım; Bence sen ,geleceğin yeri şimdiden belirlemeye başlamışsın. Eğer bu dünyada rahat yaşamak senin için önemli ise o zaman bu yaşam için herşeyi feda etmelisin. Eğer etrafında devamlı mızmızlık yapan, herkezi çekiştiren ,hayatından ve bu dünyanın kötü ve ızdıraplı olarak düşünen birisi varsa ,bu senin hayatını değiştirebilir. Ben hayatını sadece positif düşünen insanlarla geçirmeyi tercih ettim.Bu tercih o zamanlar kolay değildi ama bu zamana kadar verdiğim en iyi kararlardandı.

Kurslarımıza katılmak için link üzerinden ücretsiz kitabımızı indirin ve elemanlarımızlarımızdan ders almaya başlayın https://bit.ly/2VMMsfd

İŞLETME DÜŞÜNCENi BAŞKALARINDAN KORU!

Türkiye'de aşağı yukarı bir milyon Milyoner var.Buda demek oluyorki ,aşağı yukarı 99% Milyoner değil, ama bunların çoğu milyoner olmak istiyor.Şimdi size soruyorum; Kendini bu 99% gibi büyük topluluktan değişik biri olan cesaretli birisi olarak mı hissediyorsun ?

Genellikle bu bir milyon kişi ,99% kişiden daha başka düşünüyor ve aşağı yukarı aynı alışkanlıkları var.Bu büyük 99% lık oranda aynı kafadan ve düşünceden.Bu büyük oran genellikle korkan ve kendi korunaklarına çekilen kişiler. Eğer kendini, geleceğine ve hedefine verip kendini geliştirirsen diğerlerinden farklısın demektir. Karşı koymasını bilmelisin. Çünkü seni bu 99% oran kendine çekmeye her zaman çalışacaktır .

HAYALLERINI DEVAMLI GÖZLERiNiN ÖNÜNE GETiR

Kişilerin alışkanlıkları genellikle kaldıkları ortama bağlıdır . Şöyle açıklayayım ; Her gün spor yapmayı alışkanlık yapmış olan bir kişi,günde dört defa spor yapmaya gidiyorsa ,o kişinin yurtdışında spor yapmasında çok zorluk çekeceğini inanamazsın heralde. Çocukluktan beri spor yapan birisi için nerede spor yapılacağı tabiki hiç önemli değildir.

1-Fazla tatil yapmıyorsun ,çünkü senin için diğer alışkanlıkların daha önemli.

2-Gezilere katılıp,gezmeyi diğer alışkanlığının yerine koyabilirsin.

3-Ara sıra alışkanlıklarını bozabilirsin!

Tabiki bu üç şey normal,bunlar hayatını değiştiriyorsa ve daha iyiye götürüyorsa senin için bir avantaj olabilir. Ben bütün hayalimi ve amacımı beynime yerleştirdim.Her karar verişlerimde bu hayallerim beraberinde rol oynuyorlar.

Eğer hayallerini yeterli resimler,sesler,hislerle süslediysen ve bilinçaltına soktuysan buna kesin ulaşacaksın demektir. Eğer internet işinizi kurmak istiyorsanız(ilk zamanlarda) diğerleri yazın yüzmeye veya gezmeye giderken siz evinizde konsantre olmuş bir şekilde çalışıyor olacaksınız . Genellikle internetten para kazanmak için yapacağınız çalışmalar ilk başlarda zor olacaktır.Zaten ek iş olarak başlayacağınız internet ,kendi normal işinizden sonra tekrar bilgisayar başında 3 saat geçirme ,sizi başta yoracaktır.Bunu eğer sevdiğin bir konuyla ilgili yaparsan başarırsın.

SONUÇ

Kimse kendi hayatını değiştirmek için kurallar ve alışkanlıklar koymak zorunda değildir.Ama çoğu milyonerler kendi alışkanlıklarını kendileri bulup onlar sayesinde hayatlarındaki istediklerine sahip olurlar.

Kendine soracak olduğun sorular;

-Hangi kuralları hayatımda yaşıyorum ?

- Hayatımı değiştirebilecek yeni bir alışkanlık ne olabilir. -Şu anda hangi alışkanlıkları yapıyorum.

Ne yapmamalısın?

Kesinlikle herkezin dediği rahatlığı ve tembelliğe sahip olup,kendinize şans verip bu dümdüz giden raylarda hayatınızı onların hayatına benzetmemelisiniz.

Sizi başarıya götürecek olan nedir?

Hayatınızı kafanızda kurduğunuz ve planladığınız şekilde yaşayın .Tabiki bir kaç gün içinde olmayacak ve zaman olacaktır.Zorluklarlada karşılaşacaksınız . Iş hayatında yapılacak alışkanlıklar,kendini hayaline ve hedefine komple kosantre olmuş bir kişi için 60 ila 90 günde başarılabilir.

Sizde   egitim   proğramlarımıza katılın.www.internettenkurs.com[3]

İKİNCİ ADIM.
BULACAĞIN ÜRÜN VE NİŞ

"Küçükken,paranın hayatta en önemli şey olduğuna inanırdım. Şu an yaşlandım ama birşeyi biliyorum;inandığım şey doğruymuş ." Ünlü Oscar Wilde.

Bu bölümde ne ögrenecegiz?

Hatırlıyormusunuz ilk başta size Online Marketing için iyi olmanın 3 şartını söylemiştim ; -İstek

-Yeterli bilgi

-Sabır

Birinci olarak isteği ögrendik.Burada isteğinizin Online Marketing'i ögrenmek ve ileride evde rahat bir şekilde parayı kazanmaktı. Bu bölümde yeterli yetenekler üzerinde duracağım .Burada Online Marketing de eğitime yavaş yavaş başlayıp ,ne şekilde, nereden ve nasıl kampanyalar yapacağınızı göstereceğim .

Burada kesin emin olun ki,sizin burada herşeyi anlamanız için adım adım anlatıp ,burada mantığın ne şekilde yürüdüğünü göstereceğim . Ama teke tek bir eğitim alan ve o şekilde daha iyi öğrenen kişilerdenseniz   E-mailime(hakanuytan@hotmail.com)   yazarak benimle irtibata geçip tabiki özel ders alabilirsin.

HOBİLERİN VE EN ÇOK YAPTIĞIN HANGİ   ŞEYLERDEN   ZEVK ALIYORSUNUZ?

Bu lafı çok duymussunuzdur;"Hobilerinden para kazan" Gerçekten dogrumu? Evet diyemem ama hayırda diyemem.Bazen evet ama bazende insanın biraz fantasiye ihtiyacı var. Doğru olan bir hobinin olması ve bu hobide gerçekten usta olman ve sana bu hobiyle ilgili kişilerin para verip bu işi onlar için yapmandır. Başta buna gerçekten inanmazsın ama ,sana garanti veririm, senin bilgi alanını beraber bulabiliriz.

Bunu kurslarımda çoğu kişi herhangi bir nişde usta olabileceklerini ve hatta olduklarına inanmadılar ama sorularımla bu kişiler için çok güzel nişler bulduk. Çoğu zaman kendi yeteneklerimizi normal görüp,aramanın içinde benimi bulacaklar diyerek vazgeçmişlerdir.

-Gezmeyi seviyormusun?

-Eger evliysen ,evlendiğinde gelinlik veya düğün salonu için oturup pazarlık yaptınmı?

-Hangi hobilerin var?

-Hangi bölümlerde bilgin var?

-Yabancı dil biliyormusun?

-Belli bir müzik aleti çalabiliyormusun ?

-İnsanlarla iyi ilişki kurabiliyormusun?

-Utangaçlıktan nasıl kurtunulur biliyormusun?

-Hayatta nasıl başarılı olunur biliyormusun?

-Şarkı söyleyebiliyormusun?

-Teknik alanda anladığın bir bölüm varmı?

-Bitkilerle aran nasıl ?

-Anladığın bir spor dalı varmı ?

-Belli bir zayıflama yöntemi biliyormusun?

-Köpek seviyormusun?

-Kedi?

-Belli bir video oyunlarını seviyormusun?

-Belli bir kolleksiyon hastalığın varmı ?

-Alkolu bıraktın mı ?

-Sigarayı bıraktın mı?

Size , daha bir saat daha sorular sorabilir ve bunlardan kesin birtanesinin size uygun olduğunu bulabilirim. Ama hobi ile veya bilgileriyle insan nasıl para kazanabilir diye soracaksın ? İnsanların, birçok ilgi alanı vardır ve çoğu zaman başka insanların bunun için para ödeyecekleri akıllarına bile gelmez. Bir kişi, toplulukta ,açık herkezin kullandığı yanyana ayakta tuvaletini yapılan (pisuar)yerde ,yanındakilerden çekinmeden tuvaletini nasıl yapabilir ,e kitabini yazip para kazandığı aklınıza gelebilirmi ? Evet bu gerçek.

Bir kişinin sadece dron kullanma kılavuzundan dört rakamlı aylık kazanabileği aklınıza gelir mi? Sigarayı bırakan birisi, diğer insanlara yardım ederek para kazanabilir. Çiçekten anlayan ,köpek bakımından anlayan bir kişi internetten araştırma yaparak bu kişilere bilgileriyle yardım edebilir. Problemlere yardımcı olma veya akıl vermekle ilgili bölümler gittikçe pazara düşmeye başladı . İnsaların dijital ürünü almasında çok büyük avantajları vardır . Bunlardan en iyisi ,ürüne hemen sahip

olmak ve 24 saat bu ürünün satın alma olanağı .Anında ulaşım. Eğer herhangi bir sorunun varsa ve bu sorunu çözemiyorsanız hemen bir dijital ürün alıp o sorunu çözebilirsiniz .

Eğer istersen niş bulabilmek için sorduğum sorulara bakın ve diğer insanlara nasıl,nelerle yardım edebileceğinizi düşünün. Hiç yanılmanıza gerek yok ,çünkü kendiniz için normal olan birşey başkası için belki çok zordur.

Kurslarımızda kişilere niş bulduğumuzda kişiler çok şaşırıyor.Ve bunun için bana para ödüyorlar.

SONUÇ ;Online Marketing de en iyisi anladığın ve zevk aldığınız konu üzerinde niş bulmalısınız . Diğer insanlar sizin bilginizden yararlababilir olmalı ve bu konuda sizin bir El-kitabı hazırlamanız ve buna ek kitabında bir video kursu çevirebilir olmanız gerekir.

Kendinize sormanız gereken soru ise;

-Hangi niş benim için uygun?

-Hangi niş üzerinde çalışmaktan zevk alıyorum ve her zaman yapmak istediğim niş mesleği ne idi?

Neleri yapmamalısınız ?

-Mutlaka şu cümleyi kafanızdan çıkarmalısınız "Benim gibi kişinin ne hobisi olsun".Herkezin bir zevk aldığı birşey vardır.Biraz düşünürseniz kesin bulursunuz.

Sizi ilgilendiren tek bir niş üzerinde araştırma yapın.Piyasada bulunan veya bulunmayan niş olsun ,hiç farketmez.

ÜRÜNÜN PİYASADA VARMI YOKSA İLK OLARAK SiZMİ YAPMAK İSTİYORSUNUZ?ANALOG YAPMA.

Bir şeye başlamadan önce mutlaka o ürünü arama potansiyeli varmı ve bu işi yapanın çok olup olmadığını araştırman lağzım .

Aynı işi yapan ve dijital ürün satan başka birileri varsa bu aslında çok iyidir.Bu demek oluyorki bu konu veya niş üzerinde ilgi vardır .Olmasaydı bu niş üzerinde hiç veya çok az rakibiniz olurdu.

Burada internet ve dijital ürünü kesinlikle bir sokakta bulunan dükkanlarla karşılaştıramazsınız.Bir caddede berber dükkanı olup 5 tane müşterisi olanların yanına bir berber dükkanı daha açıp iflas etmesi ile karşılaştıramazsınız. 2020 yılında hiç bir sermayen olmadan dijital ürün ile kendi işinizi kurabilirsiniz. Ama bu ürünü nasıl ve nereden hatta ne üzerine olması gerektiğini bulmalısınız. Mesela arkadaş bulma ile ilgili ise,arkadaş bulmada kimlerin ,ne ile sorunu var ve bunların sorunlarını nasıl çözebilirsiniz.

-Bu kişilerin en büyük karşılaştıkları sorunlar nedir?

-Neden arkadaş bulamıyorlar ?

Hangi konular işlemeliki kişiler sizin Kitabınızı ve kurslarınızı sstın alabilmelmeliler. Öncelikle bunu internette araştırmalısın. En iyi yöntem ise bu konuyu kolay, anlaşılır ve adım adım anlatmalısınız.

İlk olarak bu konu hakkında çok aratılan veya kullanılan etiketleri(cümle veya kelimeleri)Google Keyword'da bulmalısınız.Google Keyword sana bu konuyla ilgili kelimeleri ,cümleleri,ayda kaç kişi aramış ,tıklama ücretine kadar herşeyi sana gösterir. Bununla yapmak istediğin nişin aranan bir niş olup olmadığını anlayabilirsiniz. Bazı nişlerin küçük olduğunu ve geçmeyeceğini hiç düşünmeyin. Çünkü küçük nişlerle büyük paralar kazanan çok insan vardır.

Onun için lüften önce yapmak istediğiniz nişi Google Keyword'da arayın ve bu niş ile kim kaç kere aramış (arama potansiyeli) ve hangi ürünün satıldığını Google'da araştırın .Burada bu ürünleri satanların çokluğu, sizi hiç korkutmasın .Çünkü burada kimin başarılı olup,kimin başarısız olduğunu bilemezsiniz. Bazı Web sayfalarında bütün ürünler yoktur ve bu ürünlerin Web sayfasını süslediğinde daha fazla satış yapılacağı zannedilir.Bunun yerine iyi bir ürün hakkında içerik yazın ,içerik ve navi(menüleri) önemlidir.Sayfalarında binlerce çeşit ürün satmak isteyenler, amazona heralde rakip olmak isteyenlerdir;-)Bu tabi işin şakası. Kursuma katılan çoğu kişinin hiç zannetmediği nişde başarılı olmasına yardımcı olup ,onunla yol alınca ,çoğu başaramayacağım diyen kişileri başarıya yönlendirdiğimizde kendileri bile şaşırıyorlar. Google Keyword'da ve Google'da araştırmamızı yaptıktan sonra yapılacak sonraki adım, bu yapmak istediğin niş üzerinde Gittigidiyor'da ve Amazon'da araştırma yapmak.Bu ürünün satılıp ,satılmadığına,talepin fazla olup olmadığına bakmaktır.

Burada sadece en iyi satılanlara degil, mesela nişinle ilgili kitaplarada bakmalısın . Nişinle ilgili kitaplarda yapacağın dijital niş ürününle ilgili başlık bilgiside edinebilirsin.

Burada yorumları okuyarak gelecekteki müşterilerine istediklerini verebilir onların sorununu çözebilirsin. Facebook,instagram gurupları şimdi istemediğiniz kadar çok .Bunlardan uzak kalmayın .Bunlara katılarak daha fazla bilgi edineblirsiniz . Forumlar da önemli araştırma yerlerindendir.Ben ilk gelirimi forumlar sayesinde kazanmıştım .Bu şekildede gelecekteki müşteri gurubunu tesbit edebilirsiniz. Facebook 'da müşterilerini bulmakda Facebook'un sunduğu yöntemlerle basittir.Burada dikkat etmeniz gereken, Facebook'un kurallarına uymak.Yoksa kısa bir süre sonra atılırsın .Facebook'da, nerede o ürünü ilgi var,kaç bayan ,kaç erkek,yaş gurubu gibi özellikleri kolayca bulabilirsin. Eğer karar verdiğin bir niş varsa onun üzerinde facebook ve forumlarda gurupların sorununu öğrenip ,hatta onlarla bu niş üzerinde telefonlaşabilirsiniz.Onlara sorunlarını ve isteklerini sorarak daha fazla bilgi toplamış olursunuz.

Aslında niş bulmak gerçekten o kadarda zor değildir. Eğer gerçekten niş bulamıyorsan bizimle iletişime geçip yardım isteyebilirsin.   www.internettenkurs.com   yada hakanuytan@hotmail.com

Sonuç;Bu bölümde bir niş bulmayı gösterdim. Zamanımızda gerçekten niş bulmak zor değildir.Başlangıç olarak Google Keyword da arama yapılması ve diğer sayfalarda araştırma ile kısa sürede bir niş bulabilirsiniz.

Kendine sorman gereken sorular;

-Nişim hakkımda yeteri kadar bilgiye sahipmiyim? Yoksa daha çok kitap okuyup bilgi toplayıp ve seminerlere gitmelimiyim? Nişim hakkında hangi ürünler Gittigidiyor ve Amazon'da var?

Ne yapmamalısın?

Niş üzerinde çok rekabetcinin olup bu nişden korkmamalı ve vazgecmemelisin. Bu gibi düşünceler bu işten korkman demektir.Internette herkeze para vardır. Hatta bu yeni başlayan birisi olsanız bile.

TAM OLARAK NE KADAR KAZANMAK İSTİYORSUNUZ?

Bu işe başlamadan önce şunları mutlaka yapman gerekir; Öncelikle birkaç dakika düşünki 10 dakika işinden kazan. Bazi kişiler hiç düşünmeden işe atlıyorlar.Sanki hemen bir işe başlayınca para kazanacaklarını zannediyorlar. Onun için ne kadar kazanmak istediğini ve ne kadar satış yapmak gerektiğini gelin beraber bakalım .Bu yapacağınız satışın tabiki hepsi cebinize girmiycekdir.Bunun vergisi var ,giderisi var.Bunları satışından düşüldükten sonra cebinize net kalandır sizin kazancınız

.İşveren olmak için bunları göz önünde bulundurup, hesaplamanız lağzım. Diyelimki bir E-kitap yazdın (bunun yanında iki tanede ücretsiz küçük e-kitap.Bunu nasıl yapacağımızı gelecek bölümde anlatacağım) ve funnel hazırladınız (funnel nedir deme,çünkü onuda anlatacağım)ve satmaya başladınız . Bir müşteri başına 30 TL reklam ödüyorsun ,ama E-Kitabin 40TL(ama kitabınızı 39,80 TL satman psikolojik olarak daha mantıklı çünkü 40 TL kişilere pahalı gelir ama 39,80 TL ,40 TL den çok daha ucuzmuş gibi gelir)

Ama biz bunun hesabını yaparken şimdilik düz hesap olarak 40 TL diyelim. Kişi başına 10 TL kazanacaksınız ,bu çok az geliyor degil mi? Peki günde 400 TL lik satış yaptınız .Günde 100 TL degilmi? Buda aylık 3000 TL dir.Şimdi kulağa daha güzel geliyor degil mi ? Bunu tabi daha büyük rakamlarlada oynayabilirsiniz. Mesela ilk gün 1000 TL lik reklam verdiniz,ama müsterinizden 500 TL kazandınız .Burada 500 TL zararınız olur.

Ama o zaman buna ek iki kazanç oyununuz daha oraya çıkıyor. Hemen hersey zarar diye kapanmıyor.

Bu sefer Upsell ve E-Mail Marketing'i ortaya çıkarıyoruz .

Evet ,bu tool asıl para kazanmanı sağlayacak bölüm .Bu tool ile para kazanmanın daha kolay olduğunu anlatacaksın .Tabi gercekten özenerek ve emek sarfederek yaparsanız .Püf noktalarını anlatacağım .

Öncelikle bilmeyen arkadaşlara Upsell nedir onu anlatmak isterim. Mesela size bir soru sorarak başlayayım. Hiç Mc Domalds a gittinizmi?Heralde gitmissinizdir.Diyelimki gittiniz . Mc.Donalds a gittiğinizde sadece bir Burger sipariş ederseniz size ne sorarlar?

Kesin biliyorsunu bunun cevabını. Evet.Tam tahmin ettiğiniz gibi.Size"patates kızartması ve içecek istermisiniz?"diye sorarlar. Mc.Donalds her zaman size bir tane daha birşey satmak ister.Sadece bir yiyeceğin yanında diğer içecek teklif

ederek ,bu şirket günde milyonlarca satış yapar.Aynı bu şekilde Online Marketing'i de (İnternet pazarlamayıda)kullanacağız. Eğer Kitabınızı hazırladıktan sonra,ismini ne koymak gerektiğini ,neleri garanti edebileceğinizi,bu kitabı sipariş ettikten sonra, başka sizden ne alabilirler ,onu düşüneceksiniz.

-Bu kitabınızın mp3 dinleme kaydı olacakmı ?

-Kişiler arabada giderken bu e kitabınızı dinleyebilecekmi?

-Bu kitabınızda ilgili video kurs alabileceklermi?

Dinleme kitabına, bu zamanlarda insanlar daha çok rahbet ediyor.Buda demek oluyorki müşterilerilerinize %20 kitabınızın dinleme kaydınıda 20 TL 'ye kitabınızın yanında ekstra satabilirsiniz.%20 kişinin almasıda abartılmış bir oran değildir . Önceki bölümde yaptığımız hesap ,bir günde 10 kitap satılsa idi, günde 100 TL kazanıyordunuz . Kitabın yanında bir de en az günde 2 kişi dinleme kaydı alsa şimdi geliriniz 140 TL oldu. Bunların reklam ücreti çıktıktan sonra elinize kalan budur. Hesabımızı şu anda Mc.Donalds usulü yaptık . Yani demek istediğim ,bir ürünün yanında, bir ürün daha sattık. Ama durun daha bitmedi.Şimdi daha güzel olanağımız var satış için .

E-MAIL   MARKETING(E   Mail pazarlama)nedir?

E Mail Marketing bize ,müşterilerimize otomatik E-Mail yollarak onlara diğer ürünlerimizin reklamını yapmamıza ,yani buda daha fazla satış yapmamıza yardımcı olur.

Her ay bu müşterilerimize iki E-Mail yollasak ve müşterilerden sadece %15 bir ürün alsa , sadece size oradan 100 TL daha gelse bu sefer kazancınız daha başka rakamlara ulaşır. 10 kişiye 300 TL reklam ücreti vermiştik satış fiyatımız 40 TL olduğu için 10 kitap 400 TL bundan sana kalan 100 TL. Bunun yanında iki kişiye 2 tane sesli anlatım kaydı satsanız 40 TL.%15 ayda E mail Marketing ile satış yapsanız ,aylık 150

TL oradan kazanacaksınız . 140x30gün+150 TL=4350 TL.Bu para ile sizce iyi yaşanılmaz mı ?(Bu rakamları en az oran olarak yazdım) Tabiki bunun yanında başka işleri yapıp bu satışı makina gibi otomatige bağlayıp her ay kazanmalıyız . Bu hesabı yaparken gelecek ayları ve yılı yazacağımız E-Maillleri tam hesaplamadık .İlk başlarda başladığımız bir kaç E mail, aylar ,yıllar ilerledikce dahada çoğalacak ve bunlardan sayacağımız ürünleriniz hayatınızı kesin değiştirecektir . Biz burada ilk 100 ürün üzerinden yola çıktık,bunu birde 300 üründen hesaplarsan ve Türkiye,Azerbeycan ve Kıbrıs gibi 100 milyonun üzerinde bir yerde, günde 300 rakamı çok küçük kalır,o zaman iyi ve alınteri döktüğünüz bir ürünle kısa zamanda istediğiniz hayata kavuşmuş olursunuz.

Şimdi kendinize ,tam olarak bir gelecek çizin ve hangi dijital ürün yapacağınıza ,konunun ne olacağına ,kaç TL ye satacağınıza ve eğer siz müşteri olsaydınız size ne şekilde E-Mail gelmesini ve nasıl olmasını isterdiniz hepsini plânlayın. Herşeyi teker teker yazın ve ona göre ilerleyin.

Daha fazla bilgi için www.internettenkurs.com dan bize ulaşabilirsiniz.

Şimdi internetten para kazanmanın kolay olup olmadığı ile ilgili düşüncelerinizde bir değişme oldumu?Gelin şimdi bunu uygulamaya başlayalım . Bu bölümde asıl Online Marketing için önemli olan iki şeyin Upsell ve E- Mail Marketing'in olduğunu ögrendiniz.Bu otomatik internet para makinasının çalışması için bir kereliğine kendinizi o işe verip, düzgün kaliteli bilgi toplamalısınız . Bir kereliğine kendinizi verip iyi bir şekilde çalışmak ile bu 8-20 fare kapanından kurtulabilirsiniz.

Kendine sorman gereken soru;

-Ayda ne kadar kazanmak istersiniz ve kaç tane dijital ürün yapıp upsell ve Emailler ile satabilmelisiniz.

-Online Marketing için hazırmıyım ve gerçekten ben bunu yapabilirmiyim? -Bu iş için gerçekten ilk başlarda çok araştırma yapıp , çok çalışabilirmiyim .

Ne yapmamalısın?

-"Ben bunu yapamam çok zor "düşüncesinden uzak durmalısınız . Başarılı olanlarında çoğu başta zorluk çektiler.Kendinizi başta değil sonda başarmış şekilde ve bu başarı yolunun kısa olduğunu düşünmeniz lazım .

-Sakın başka birisinin "bir ayda 10.000 TL kazanma yolu" gibi saçmalık ve aldatmacalara inanmayın .Bunlar birkaç günlük para çarpıcılarıdır.

BIR HAYAL VEYA AMACA ULAŞMAK ,O AMACI BELiRLEMEKLE BAŞLAR"

10 ADIMDA EN iYi DiJiTAL ÜRÜNÜ NASIL HAZIRLAYABiLiRSiNiZ?

Çoğu insan bir kitap yazmanın ve video kurslarını yapmanın çok iş olduğunu zannederler ve gerçektende öyledir.Ama beyninde başaramıycam ve dışardan gelen "olmaz","yapamazsın,geçmez" gibi laflarla başa çıkıncaya kadar zordur. Bu zamana kadar 4 kitap hazırladım ve bunları sadece bir tanesi 14 sürdü.Ama kendimi 14 gün bir kitap için adadım ve konsantre oldum. Dışardan gelen sesler, düşünceler beni hiç ilgilendirmedi.Bir kitap yazmak veya video hazırlamak gerçekten zor birşey değil .Bunu gerçekten herkez yapabilir. Bu bölümde bir dijital ürünün hazırlamasının ne kadar kolay olduğunu öğreneceksiniz .Bu gerçekten bir okus pokus değil.Hadi gel öğrenmeye başlayalım .

iLGiNi ÇEKEN ,HEP YAPMAK iSTEDiĞiNiZ VE ZEVK ALDIĞININIZ BÖLÜMÜ TAM ANLAMIYLA ÖGREN!

Heralde bu kadar yazmanın ardından seni ilgilendiren konuyu bulmuş ve o konu üzerinde öğrenmeye başlamışsındır.Ama hala müşterilerinin gece yataktan kalkıp öğrenmek veya yardım istedikleri ürünü bulamadıysanız ,şimdi onu bulma zamanı geldi demektir.

Öyle kişiler gördümki;sabah akşam bir dijital ürün çıkarmak için ter döküp sabaha kadar uyumayıp sonunda bir tane bile ürün duyamadıklarını . Çünkü o ürünü hiç kimse almak istemiyordu. Hiç önemli değil ürünün güzelliği ,iyi yapılması ,arkadaşlarının ve çevrenin hoşuna gitmesi.Önemli olan gelecekteki müşterilerinin sorunlarını kolayca çözmesidir. Onun için lüften öncelikle oturun ve kimlerin ne gibi sorunları var,gerçekten o kişilere nasıl yardımcı olabilirim diye düşünün .Gelecekteki müşterilerini iyi inceleyin ,onlara katılın ve en büyük sorunlarını öğrenmeye çalışın .

ŞİMDİDEN ÜRÜNÜNE BİR İSİM BULUN VE ARTI, İKİ ÜCRETSİZ HEDİYE EDECEĞİNİZ KÜÇÜK E-KİTAP İÇİNDE İSİM ARAŞTIRIN .

Kitap yazmaya başlayanların çoğu , hemen yazmaya başlarlar ama sonunu getiremezler.Belli bir süre sonra hiç hevesleri kalmaz.Burada yapmamız gereken ilk şey bu işe başladığımız gibi sonunuda getirebilmektir. Onun için ilk başta yapmamız gereken şey bu ürünün ismini koyarak hevesimizi arttırmaktır . Örnek vermek gerekirse;bir babasınız ve sabah eve kurbanlık koyun aldınız

.Akşam üzeri çocuklardan koyunu alıp çocukalara "koyunu kesmeye götüreceğim " diyorsunuz. Ama şimdi birde şu sekilde yapın .Sabah eve kurbanlık koyun getiriyorsunuz ve diyorsunuz ki"Bu Ali".tekrar akşam üzeri eve geliyorsunuz ve cocuklara "Ben Ali'yi kesmeye gidiyorum"diyebilirmisiniz? Bunun konumuzla ne ilgisimi var? Eğer kafanda planınızı bilirseniz aklınız o konu üzerinde yoğunlaşır ve daha fazla hevesiniz olur.Bir Projekt üzerinde kendine önceden 3 hafta verirsen 3 hafta sürdürürsünüz .Ama kendinize 1 hafta verirseniz o projeyi bir haftada tamamlarsınız .Ürün isminizi ilerki zamanlardada değiştirebilirsiniz. Bir ürün ismi istenilirse 5 dakikada da verebilirsiniz eğer kısa bir zamanda çabuk karar vermek zorunda kalırsanız. Şimdi ürününüz için bir isim düşünün !

ŞİMDİ YAPMAK İSTEDİĞİNİZ ÜRÜN HAKKINDA KENDİNİZE 6 KİTAP SİPARİŞİ VERİN!

Dünyamızda bazı şeyler o kadar basitki,buna hayran oluyorum. Şimdi internetten kendinize seçtiğiniz konu hakkında (yapmak istediğiniz dijital ürün hakkında) kitapları sipariş edin.Bu kitaplar için kendinize ayriyeten önemli yerleri üzerini çizmek için renkli kalemler alın .Bu kitapların hepsini okumak zorunda değilsiniz ama okumanı tavsiye ederim.Bu kitaplarda kişilerin en çok sordukları soruların cevapları ve yararlı bilgileri renkli kaleminizle işaretleyin.Bu üstünü çizdikleriniz ,gelecekteki müşterilerinize yardımcı olacak bilgiler olmalıdır.

Eğer bunu birkaç kitapta yeteri kadar bulamıyor ve müşterilerine daha fazla yardımcı olmak istiyorsan ,diğer bütün kitapları okuyun. Gerçekten artık bazı şeyleri öğrenmek için yıllarınızı vermeye hiç gerek kalmadı. Bütün bilgileri topladınız ve artık güzel bir konunuz oldu. Doğru degilmi? Tabiki en iyisini yapıp ,emek verip bu konuda müşterilerinize istenileni vermeniz gerekir.Gerçekten bazı kişiler ne kadar değerli bilgilere ve tecrübelere sahip olduklarının farkında değillerdir.Onun için size bu bilgileri verip ,yeteneklerinizi ve tecrübelerinizi değerlendirmenizi istiyorum.Sonuçta süper bir dijital ürünle istediğiniz hayale kavuşabilirsiniz. Peki neden 12 kitap değilde 6 kitap? Ben genellikle bunu 6 kitapla yapıyorum. Tabiki 12 kitapda olabilir Değişik yazarların , değişik fikirlerde olması sizin için bir avantajdır .Burada illaki Türk

yazarlarıda olmasına gerek yoktur. Bildiğiniz dillerde yabancı yazarlarda olabilir. Yada Google translate ile tercüme yapıp bunu düzgün bir Türkçeye çevirebilirsiniz.Hatta telif hakkı olmayan kitaplarla kitap bile yazabilirsiniz.Daha fazla bilgi için alttaki linkten bilgi alabilirsiniz.

www.parakazanmasiteleri.com

ŞIMDI YAZACAK OLDUĞUN E KiTABIN iÇERiKLERiNi EN AZ ON BÖLÜME AYIRIN!

Eğer hiç bölümlere ayırmadan gözü kapalı ürün hazırlamaya başlarsanız büyük hata yapmış olursunuz. Çünkü bu ürünün nereye doğru gideceğini başlıklar altında ilk başta belirtlemeniz gerekir.Bu ister E-kitap olsun, ister video kursu.Bu şekilde bir ürünün hazırlaması daha kolay olacaktır. Çoğu kişi kitap yazmayı bir Toros dağına çıkmak kadar zor ve çok sorunu olduğunu zanneder. Şimdi bu düşünceyi heralde sende biraz olsun kafandan silmişsindir .Onun için ürünün isminden sonra ilk iş olarak ürünün içerik başlıklarını hazırlamalısınız.

Bu onbeş ,yirmi hatta otuz başlık olabilir.Bu senin ürünün.Ne kadar istersen o kadar başlıklara ayırabilirsin Bu senin eserin olacak.Ne kadar iyi ve yararlı olursa ,o kadar senin için iyi olur. Burada diğer kitapların başlıklarına bakarakda kendini bilgilendirebilirsin.Bu kitabı yazarken tabi direk aynısı yazmak değil burada en azından %50 oranında kendinden de birşeyler vermek zorundasın.

ALTI BÖLÜMLÜK

Genellikle video kursu çekmek isteyen kişilerde yaşanan sorun,ne yazacaklarını veya ne söyleyeceklerini bilmeyerek boş kağıt ile kamara karşısına oturmalarıdır.

İnanın bana, ilk kamara karşısına geçip konuşurken, insan kendini yalnız ve aptal gibi hisseder.Ama bu ilk başlarda bu çok normal olan birşeydir .Bunu hiç düşünmeyerek ürününün ileride ne kadar iyi ve yararlı olacağını aklına sokmalısın. Diyelimki bir ,kilo verme E-Kitabı veya Videosu hazırlayacaksın . Bunu örnekle anlatayım: Bölüm 1

-Ön Giriş .Şimdi bunu kısa kısa başlıklara atalım (tabiki bunu sonra değiştirebilirsin) -Devamlı tartılma

-Spordan önce yapılacaklar

-Yemek yeme

-Suyun önemi

Burada ben bu konu üzerinde tam olarak profesyonel olmadığım için asıl bölümlerini yazamıyorum.Burada amacım sana bu şekilde önemli olan şeyleri başlıklara bölmeni göstermektir .

Altı kitabı okuduktan sonra burada siz on başlık değil, otuz önemli başlık bile yazabilirsin. Çoğu kişi ürünü başlıksız başladığı için, ya yanılıyor,ya ne yazacaklarını bilmiyorlar yada işini yarıda bırakıyorlar. Onun için ürüne, düzgün ve sistemli olarak işe başla.

KİTABI YAZMAK ZORUNDAMISIN?

Bu ne biçim soru diyenleri duyabliyorum. Gerçekten bir kitabı çabuk ve zevkle yazmanın bir yolu bile var.Bu şekilde Kitabını dört kat daha çabuk yazabilirsin.Bunu artık Dragon Naturally Speaking veya google proğramları ile konuşmanı yazabilirsin.Bu programlardan tabiki daha fazla var.Ben genellikle bunları kullanıyorum. Bu durumda tuşlamaya gerek kalmadan Headset ile bilgisayar ekranınızda söylediklerinizi yazı halinde görebilirsin.Hatta evin içinde gezerken bile konun hakkında konuşup yazdırabilirsin. Onun için ilk başta yazdığım gibi,kitap yazmanıza gerek yok.Sadece konuyu anlatıp yazdırabilirsin.100% kesin doğru yazmasa bile, işinizi kolaylaştırır. Yada yukarıdada bahsettiğim gibi konuyla ilgili PLR (tecil hakkı olmayan)kitaplar satın alarak onlarıda kullanarak daha çabuk yazabilirsiniz.Bu gibi kitapları www.internettenkurs.com[4] ile iletisime gecerek bulabilirsiniz.Bununla ilgili kursu bulabilirsiniz.

BİR E-KİTAP VEYA VİDEO NE KADAR UZUNLUKTA OLMALI?

Tabiki içinde yazılanların, müşterilerin için iyi olmalı,yararlı olmalı, ama bunun yanı sıra hiç kimse 16 sayfalık bir E-Kitap için sana 39 TL vermez. Verenler bile şok olarak bir daha senden başka ürün almazlar. Onun için size tavsiyem; E-Kitap en az 20.000 kelime olmalıdır . Eğer sadece ses kaydı ise ;Onar dakikadan 10 bölüm halinde sunulmalı,buda 100 dakika yapar. Video kurslar;Onar dakikadan ,10 bölüm halinde ,100 dakikalık olmalı . Bu şekilde kişileri hayal kırıklığına uğratmaz ve daha çok müşteri kitlesine sahip olursunuz.

ÜCRETSİZ KÜÇÜK HEDİYE KİTAPLARIN AMACI NEDİR?

İlk başladığımda çok hayal kırıklığına uğramıştım. Herşey tam tamınaydı,güzel bir anasayfası yapmıştım .Ama birgün bile satış olmuyordu. Birgün bir aldığım bir kursda satışın genellikle e maill listesiyle olacağını anlatılınca kafam sarj etmeye başladı .Ben bu kursa başlamadan önce bana bedavaya güzel ve kısa bir kitap hediye etmişlerdi. Orada benim Emailimi istemiş, bende onlara Emailimi vererek bu kitaba sahip olmuştum Evet benim sayfam süperdi ama bunu kim bllecekdi ve nasıl satış yapacakdım. Asıl en önemli şeyi, yani "Eger ŞiMDi sipariş edersen ÜCRETSİZ bu kitaba sahip olabilirsin" diye hediye kitap vermeyi unutmuştum.

Bu gercekten önemlimiydi? Tabiki,hemde nasıl! Hiç televizyonda satış yapan proğramları seyrettiniz mi?Eğer dikkat ettiysenız "Eğer ŞiMDİ sipariş verirseniz ,yanında bir hediye daha, şunu , şunu veriyoruz " derler. Onlar insanların hediyeleri çok sevdiklerini ve duramadıklarını bilirler.Onun için sizde onlara iyilik yapın ve birşey hediye edin. O zaman ister kurs satın ,ister E-Kitap veya ses kaydı .Her zaman en azından iki kısa E-kitap(en az 2000 kelimelik)hediye etmelisiniz. Burada hediye verirken yazacakların senin en büyük silahın olacağını hiç unutma!

Bu gibi hediye kitapları belli bir ücret ile http://www.dijitalalsat.com/da her dilde bulabilirsiniz.

Bu iki hediye kitap genellikle her ürünle uyacak şekilde olan, -Yapmaman gereken 9 büyük yanlışlıklar ! -Yapman gereken 7 en iyi fikir!

inanın bana hiçbir niş bu iki şekilde kısa iki kitabı yapmadan, iyi bir email listesine sahip olunamaz.

BIR E-KITAP KAÇ PARAYA SATILIR?

Öncelikle size şunu tavsiye etmek isterim;Kitabın ücretini devamlı testlerle bulmaya çalışın .Müşteriler en çok hangi fiyata daha çok olıyor?Bunun ucuz veya pahalılıkla alakası yok.Bazen, 39TL de daha çok satılır,bazen ise 48 TL de. İnsanları anlamak kolay değildir.

Çoğu insanda ise "Ne kadar ucuzsa ,o kadar adidir mantığı vardır.Sizde ucuza değil pahalıya satmaya gayret edin. Aslında ürünün hazırladıktan sonra ne kadara satacağını bilmek daha iyi degilmi? Bence Evet . O zaman şöyle diyebilirim; Bir Kitabı 20.000 kelimelik artı iki hediye E-Kitap aşağı yukarı 39-49 TL arası. Ses kayıt ve iki hediye E-Kitap 29-49 arası bir fiyat. İki saat uzunluğunda bir videokurs ve iki hediye E-Kitap 99 TL ile 159 TL arası fiyat uygulayabilirsin.Bunu tabi Dolar veya Euro olarak satarsanız sizin için değer kaybetmez.Benim size tavsiyem TL yazdığım yerleri Dolar veya Euro olarak değiştirmeniz.

Bir videokurs bir E-Kitabından veya ses kaydından daha değerlidir . Eğer üç ürünüde hazırlamış ve artı iki hediye ürünüde yanında verirseniz çok daha yüksek fiyat isteyebilirsin.

Size tavsiye edeceğim yöntemde, bu üç paketi bir arada satmanızdır. Hiçbir zaman tek E-Kitap satma,mutlaka Paket satmaya ,yada kitap ve video beraber satmaya çalış.

ŞIMDI ÜRÜNÜN HAZIR DURUMA GETİR VE BİTİR.

Allahtan bazı şeyleri yapamadığınız zaman,bu işi başka birisinin sizin için yapabileceği bir dönemdeyiz.Web tasarımı yapamıyorsanız ,sizin için yapacak çok insan var. Bir E-Kitap kabı veya bir videokursu kabı için ne kadar öderim dersen,gerçekten büyük bir rakam ödemezsin. Ben önceleri 30 ile 50 TL arası bir ücreti veriyordum ama simdi burada

HTTP://WWW.INTERNETTENKURS.com/[5]

LINKINI VERDIĞIM PROĞRAMLA ,hem Web sayfalarımı ,hem otomatik E-mail gönderilerimi ,hem videolarımı düzenleme ve kurslarım için slaydlarımı,hem otomatik chatlerimi, kitap kabı resimlerini hatta daha fazlasını sadece bu proğramla yapıyorum.Yani her proğrama ayrı ayrı aylık ödemiyorum.Bir proğramla hepsini hallediyorum. Bunun gibi her şey için bir proğram almaya kalsanız heralde 150 $ dan aşağı ödeyemezsiniz. Ama bu linkte verdigim proğramla 2019 yılında aşağı yukarı

70 $ ödüyorsunuz. Onun için www.internettenkurs.com üzerinden ulaşabileceğiniz ve hatta belli bir süre deneyebileceğiniz programı tavsiye ederim. Ama sadece kitap kabı

---

5. http://www.internettenkurs.com/

için birisini arıyorsanız veya yardıma ihtiyacınız varsa www.internettenkurs.com üzerindende iletişime geçerek sipariş verebilirsiniz.Diğer konulardada soracak sorularılarınızıda sorabilir ve hatta video bile çektirebilirsiniz. Eğer hiçbirşey yapamam ama para kazanmak için yardim istiyorum dersen direkt benimle iletişime geçebilirsin .hakanuytan@hotmail.com .

Belki burada bana "Dijital ürünler için mutlaka bir kapaga ihtiyacım varmı ?"diye sorabilirsiniz. Evet tabiki var. Bir şeyin ilk olarak dışı önemlidir.Yani ürünün ilk gördügünüz yeri dışıdır. Bu herşey için böyledir. Bu ister yemek olsun,ister bir insan .Öncelikle insanlar dışını görür ve kabul ederler veya etmezler,alırlar veya almazlar.Düşünün önünüze çok güzel düzenlenmiş bir tabakda süper görünümlü yemek geliyor.Onun yanında ise hiç özenmeden yapılmış yemek ve görünümü berbat ama tadı güzel . Önce hangisini yersiniz?

Onun için ilk dış görünüm çok önemlidir.

Eğer dijital ürünün satış sayfasında yazdıkların veya videolar ile al benili değilse ,o ürününü satmakta çok zorluk çekersin.Dış görünüme mutlaka önem ver. Bu bölümde bir dijital ürünün Toros dağına çıkacak kadar zor olmadığını ve bunun 1 ila 4 hafta içinde yapabileceğimizi anladık heralde değilmi? Önemli olan burada nasıl başlanmalı ve 10 başlıkla hazırlaman gerektiğini ögrendiniz.

Kendinize sormanız gereken soru;

-Eğer iki hafta bir çalışma ile altı rakamlı bir gelir elde edebilirsem, bu iş yapılmaya degmezmi?

-Hangi dijital ürün fikrim var?

-Ne zaman başlamalıyım ?

-Ne zaman bitirmeliyim?

Neleri yapmamalısınız;

-E-Kitap veya diğer ürünleri yaparken gözünüzde hiçbir zaman büyültmeyin.Hiç kimse sabahtan akşama kadar bir günde hemen o kadar çabuk kitap yazamaz. Bence 20.000 kelimelik bir kitabı ,bir ila üç haftada bitirebilirsiniz. Bu işin kolay olduğunu zannedip yanılmayın .Onun için planlı ve yazılanları takip etmemezlik yapmayın .

BAŞARI

Başarıya ne yol açar? Başarıya ulaşman için sadece çalışın ,kendinize güvenin, vazgeçmeyin ve bu kitapta yazdığım şekilde işe başlayın !

Yardıma ihtiyacınız olursa ,bu kitabı kullanmanızı ve ben veya elemanlarım ile en az canlı anlatım ve adım adım beraber ilerleme kişisel kurs yardımı istersen (600$) www.internettenkurs.com(yada hakanuytan@hotmail.com) üzerinden bize ulaşmanızı tavsiye ederim.İsterseniz bırakın bize, sizin için kitap ve videolar hazırlayalım ,siz sadece aylığınızı kazanın.(2000 $) . İnternetten ve onun bu essiz faydalarından yararlanın.

NEDEN SiZE AFFİLİATE'i TAVSiYE ETMiYORUM?

Tavsiye edilmez! Kişilikler güzel konuşmalar tarafından değil, yaptığınız işlerle şekillenir ve buda kendi performansınız ile yapılır.Bunu ünlü Einstein söylemişti. Diğer çevrimiçi (Affiliate)pazarlamacı arkadaşlar bana kızacak ama ne de olsa rahatsız edici gerçekleri telaffuz etmek zorundayım.

Online Marketing nasıl işler! Bu kolay değildir tabiki ! Terletir ve gerçekten, bir online pazarlama projesini başarılı hale getirmek istiyorsanız bunun hemen yapıp ,hemen para kazanacağım hevesiyle işe başlamayın çünkü bu işin para kazandıramayabilirde!

BİLİYORUM BUNU KİMSE OKUMAYACAK AMA DOĞRU OLAN BU!

Bu kitabı başlattığımda kime miras edeceğimi merak ettim. Benim son Kitabımı oğullarım Alp ve Efe 'ye adadım,bu gerçekten önemli bir endişedir, kitap yazanlar için tabi. Ve bu kitabı burada kime adadığımı tekrar kontrol edebilirsiniz. Çok saygı duyduğum ve en çok değer verdiğim insan grubu: Onlar uygulayanlar! Sadece konuşup! Sadece hayal edip! boş laf edenler değil ,onlar gerçekten yapanlar!

Hayal kurmayı seviyorum ama onu gerçekleştirmek için uygulamaya başlamadan ve karşıdan başkalarının yaptığını kıskananlardanda değilim.

Ortalıkta o kadar çakallar varki, kişilere size 5000 Dolar ayda kazanacağım diye söz verip kişileri soyuyorlar.Bunlara inanmayın .Çünkü emek göstermeden böyle iki üç tıklama ile öyle kolay para kazanılmaz . Her zaman internette reklamlarda çıkar bunlar.Facebook bile bunlarla doludur.Bir kaç defa app ile para kazanırlar ve belli bir süre sonra şirket sizi atar veya bir bahane bularak ödemenizi yapmaz.Yada link kısaltarak para kazanın diyenler bile belli bir süre sonra ya bilgisayarları virüs kapar yada ödemeleri gelmez.Yani emeksiz öyle kolay yemek yoktur.

Benim işim dijital ürünü üretmek.Bunun için, bir satış funnel'ı yapıyorum ve benim ürünümü satanlara %50 oranında pay veriyorum. (Hatta bu yöntemi nasıl kullanacagınızı ve nerede satış yapacağınızı öğrenmeniz için

WWW.İNTERNETTENKURS.com[6]
linkine tıklayarak bilgi alabilirsiniz.

---

6. http://www.parakazanmasayfalari.com/

Bunu hazırlamak için Ingilizceye bile ihtiyacınız olmadığını video kurslarında anlatıyorum.Bu yöntemle İtalyanca veya Fransızca bilmediğim halde size bu dillerde kitap yazabilirim.Bu konuyla ilgili

www.internettenkurs.com[7]danda bilgi edinebilirsiniz..

Bunu ne kadar fazla kişi satarsa bende o kadar fazla kazanıyorum. 50 TL lik ürününü haftada 100 kişi satsa 5000 TL.Bunun %50 sind satıcılara verdiğini düşün ,2500TL.Bir kere uğraştığın ürün üzerinden devamlı para kazanmak ve bu 3 haftada bir kereligine yaptığınız bir iş ise , bunlara değmezmi bu yaptığınız sadece bir kere uğraştığınız iş ?

7.　　　http://www.parakazanmasayfalari.com/

YENİ   BAŞLAYANLAR   İÇİN   ,
AFFİLİATE YETERLİ DEGİL Mi?

Yeni başlayanların birkaç kuruş kazanmaları için yapilabilir.Ama sadece ek gelir elde etmek

için .Çünkü bu kendi yaptığınız dijital ürünlerden zaten fazla kazanacaksınız . Affiliateyi, yıllardan beri bu işle uğraşanlara ve trendleri ,geçecek ürünleri bilenlere, tavsiye ederim. Bunun yerine kendi ürününüzü yapın satın bence daha mantıklı. Affiliate'i çoğu kişinin seçmesinin sebebi fazla uğraşmadan hemen bir ürünün satılması ,ikincisi ise çoğu parası az olan kİşilerin güzel bir reklamla çabuk zengin olma ve fazla uğraşmadan milyoner olma hevesleri ile kandırılması.

Eğer gerçekten Online Marketing'de iyi olmak ve para kazanmak istiyorsanız ,beceri ögrenmelisiniz. Bu şekilde kendi ürününüzü kendiniz hazırlar ve daha fazla enerjiye ,hevese sahip olursunuz. Eğer ürününü başkasına yaptırırsanız malesef o ürün hakkında fazla bilgiye sahip olmazsınız. Affiliate Marketing'de başkasının ürününü satmanıza bence artık gerek yok .Artık kendi ürününüzü sattırabilirsiniz.Burada ürün çıkarmayı nasıl olsa ögrendik ve bunun bir okus pokus olmadığını anladık .Burada www.internettenkurs.com sayfasındanda devamlı bilgi alabilirsiniz.

Kendine sorman gereken sorular;

-Ürünlerini Affiliate'de satmak isteyenler o kadar iyi bir ürünse neden direk kendileri satmıyorlar?

-Eğer gerçekten 8-20 fare kapanından çıkmak istiyorsan Affiliate Marketing size ne kadar fayda edebilir ?

Yapmaman gerekenler.

-Eğer Online Marketing'den devamlı para kazanmak istiyorsanız kendi ürününüzü üretip başkasının ürününü Affiliatini yapmamalısınız
.

Bu bölümde eğer gerçekten Online Marketing'i ögrenmek istersen ,bunu 10 ila 20 haftada yapabilecegini ögrendiniz. Bir ürünü çıkarmak içinde sihirbaz olmana geren olmadığını ögrendiniz .Yani bunu herkez yapabilir. Ama eğer ben hala daha fazla bilgi istiyorum,benim yardıma ihtiyacım var derseniz www.internettenkurs.com veya hakanuytan@hotmail.com üzerinden bize ulaşabilirsiniz.

SIRA FUNNEL ZAMANI (SATIŞ HUNiSi)

İyi bir funnel ,iyi bir Pasta tarifine benzer.Malzemelerin içine koyma sırası ve gramajları çok

önemlidir. Şimdi sıra yaptığınız ürünü en güzel şekilde satmaya geldi.Bu bölümde,Funnel

hazırlamada dikkat edilecek hususlar,yazılar ve satış sözleri üzerinde duracağım. Ürünün iyi

satılmasını sağlayan nedir sence?

-İyi bir funnel yazılımı mı?

-Müşterilerin gözüne ürünün süper görünüşü mü ?

-Müşterilerin geldigi websayfası mı?

-Müşteriye sayfada ürün hakkında yeterli bilgi verilmesi ve sonuçlarının anlatılarak ürünün satılması mı?

Bu yazdıklarımın hepside önemlidir. Tabiki bu saydıklarımı sırasına göre uygulamak ve anlatmak,kİşilerin bunu rahat anlaması , ürünün ne ile ilgili olduğunu ve sonuçda nelerin olabileceğini anlatmaktır.Eğer bu sıraladıklarımdan bir tanesi unutulur veya düzgün bir şekilde anlatılmazsa tabiki ürününüzü kolayca satamazsınız. Bazıları Online Marketing'de sayfanın ziyaret edilmesi çok önemlidir der. Bazıları ise ,ziyaretcilerin satın almasıdır der. Bence en önemlisi senin yapacağın funnel dır.Funnel'ın iyiyse sana para getirir. Neden çoğu kişi online üzerinden para kazanamıyor ,çünkü funnelları düzgün olmadığı içindir. Genellikle büyük heveslerle Online Marketing'e başlayan kişiler birkaç zorluk karşısında hemen pes edip bırakıyorlar .Halbuki evde çalışmak istedikleri halde hemen pes ediyorlar. Ama siz bunlardan değilsiniz .Biz onlardan daha üstünüz ve düzgün bir funnel yapıp rahat bir hayata başlayacağız . Şimdi Funnel'ın nasıl çalıştığını anlatayım .

1. **Adım;Paralı Reklam** :Google veya Facebook 'da belli müşteri sınıfına veya yaş gurubuna hitap edecek bir tıklama başına ödeyeceğin bir reklam verdin.(diyelimki tıklama başı 0,10 kuruş.Bu misali bir rakamdır tabi) Bu reklamı Google 'da veya Facebook'da tıklayan kişi direk sizin Landing web sayfana gelir.

2.Adım;Landingpage: Landingpage kİşilerin google reklamına tıklayarak ilk geldikleri ve bu kişilere sizin ücretsiz sunduğumuz hediye kitabınızın bulunduğu sayfa.Bu program ile kolayca Landingpage yapabilirsiniz

HTTPS://BIT.LY/2ZTTVKJ[8]

---

8. https://bit.ly/2ztTvkJ

3.Adım;Hediye E-Kitap: Bu sayfada hazırladığımız hediye E-Kitap almaları için kişilerin E-Mailini bırakıp bu kitabı indirmelerini sağlayacağız. Burada her ziyaretçi tabiki her zaman E-Mailini bırakmıyor .Ziyaret edenlerden belki %10 bu hediye kitabı alarak E_Mailini bırakıyor.Burada sayfamızı ziyaret edenlere güven bırakamazsak, kişiler size E-Maillerini bırakmazlar . Diyelimki bir ziyaretci bu Landingpage de size E-Mailini bıraktı ve size aşağı yukarı 1 TL ye mâl oldu.E-Mallini yazdıktan sonra Video kursu satış sayfasına direk otomatik olarak yönlendirildi.

4.Adım.Webinar: Bu Video satış için en önemli satışlardan biridir.Video satış slaydlarla yapılan bir satış modelidir.Bu genellikle size tavsiye ettiğim bu proğram ile

https://bit.ly/2ztTvkJ

kolayca yapabilirsiniz veya PowerPoint ile yapar ve sonra sadece okur ses kaydı yaparsınız . Bunu kesin görmüşsünüzdür .Burada bunu izleyenlerden her 100 kişiden beşinin alma olasılığı vardır.

5.Adım."Kırılma noktası" ilk hedef, ilk video satış mektubu veya web seminerinden sonra, sektöre

bağlı olarak(daha sonra ek bir bölümde daha detaylı olarak ele alacağız) " Kırılma noktası", yani harcamada 40 TL ve gelirdede 40 TL yapma.

Bizim gerçekçi örneğimizde, harcanan 100 TL idi. Tıklama başına 10 kurus ödedik. Buradan %10 oranında kişi bize E-Mailini bıraktı ve hediye Kitabını aldı. Yani 1 TL ye bir E-Mail Adresse satın almış olduk. Her 100 kişiden 5 kişi video kursunuzu 30 TL (en az olarak hesaplıyorum)almış olsa,150 TL gelirimiz varken 100 TL giderimiz var. Başlangıç için iyi değil mi?İlk başta giderlerimizi kapatıyor ve kâra geçiyoruz .Bir ürünü, bir kereliğine hazırlayıp devamlı gelir etmek ve para kazanmak.

6.Adım.İlk kazanç Upselling: Burada Upsell senin video kursun. Hediye verdiğin kitaptan sonra baglantı yapacağın satış yeri.Kişiler ürününü Satın aldıktan sonra sayfa direk ödemeden sonra video kursunuzu bu kişilere sunuyor.Kİşilerin %20 si bu video kursları gerçekten satın alıyor .

7.Adım.E-Mail Pazarlama: Elbette, en önemli şeyi ilk önce yaptınız. Müşterilerin e-posta adresini topladınız .Bu nedenle önümüzdeki hafta o emailini aldığınız kişilere daha başka teklifler gönderip daha fazla kazanç sağlayacaksınız .

8. Adım .Ürün makinası

Online pazarlamayı sevmeye ve zevk almaya başladınız .Sadece plajda oturup koktail içmekte ,belki belli bir günden sonra can sıkmaya başlar .Onun için belli bir süreden sonra sizde tekrar yeni ürünler yapmaya başlayacaksınız .Zevk alınan şeyleri insanlar devamlı daha ileriye götürmeye çalışırlar. Sende bunu yapacaksınız .

Satış Huninizde(Funnel'da) bir bileşen unutursanız veya hata yaparsanız , her şeyin çöktüğünü görebilirsiniz!

Hayatınızda hiç pasta yaptınız mı bilmiyorum. Pasta yapmak ,bazen bir tek malzeme evde olmadığı için koymadığınız bir malzeme yüzünden korkulu bir rüyaya dönüşebilir. İşte satış hunisi yani funnel'da böyle birşeydir.Küçük bir hata,küçük bir yanlış kelime veya yanlış bir yerde olması, elinizdeki bütün emeği siler gider.Onun için Funnel'in yapılmasına özen gösterin.Şimdi gelecek bölümde Funnel yapımını inceleyelim.

Sizde   egitim   proğramlarımıza katılın.www.internettenkurs.com[9]

Kurslarımıza katılmak için link üzerinden ücretsiz kitabımızı indirin ve elemanlarımızlarımızdan ders almaya başlayınhttps://bit.ly/2VMMsfd

---

9.   http://www.internettenkurs.com/

ÜCRETLİ REKLAM.

Müşterileri çevrimiçi yapmak ister misiniz? Tamam, herkesde bunu ister zaten! O zaman biraz bunu ele alalım.

Evet, doğru okudunuz ve bunu anlamak önemlidir, müşterilerimize her zaman önce ücretli reklamlara para koyarak müşteriler alıyoruz.

Arama motorlarında optimizasyon biz de yapabiliriz . Evet, deneyebiliriz, ancak çevrimiçi olarak gerçekten çok para kazananlara bakarsak, insanların% 95'i müşterilerini ücretli reklamlarla satın alırlar.

Bu aynı zamanda en ölçeklenebilir yoldur! SEO (Arama Motoru Optimizasyonu) bir zamanlar çok kısa bir çalışma ile ilk sıralarda yer alınılırdı ve kalıcı olarak o sıralarda kalınırdı.Ama şimdi parasız kendi deneyimlerimizle ilk sıralara ulaşmak çok zor ve bu aylar ve yıllar sürer.Onun için size tavsiyem ücretli reklam verip müşteri satın almanızdır. Medya profili genellikle kaybolan kısa bir aralığa sahiptir. Facebook'ta 5.000 arkadaşınız ve Instagram'da 20.000 takipçiniz olsa bile, birkaç gün sonra, konu zaten çok az ilgi çeker ve ürününüzün hala reklamını yapmaya devam ederseniz arkadaşlarınız ve takipçileriniz bundan rahatsız olacakdır!

İhtiyacınız olan şey, açılış sayfanızda günün 24 saati, haftanın 7 günü, yılda 365 gün çok sayıda yeni ziyaretçi çekmek. Bunuda sadece internet reklamları ve PPC (tıklama başına ödeme)ile yapabilirsiniz. Bu ücretli reklamların cok çeşitleri vardır ! Bunlardan biri ,Facebook'da veya YouTube bakarken birden reklamın çıkması veya üstte ,altta reklam bannerlerin çıkması gibi.Bu kişinin ilgilendiği konulardır. Kişinin ilgilendiği konularla ilgili reklamlar belli aralıklarla kişilere sunulur.

Bizim ürünlerle ilgilenen guruba nasıl bunun reklamlarını verebilirim?

Çok basit!

Facebook ve Google dünyanin en büyük bilgi toplama yeridir.Burada kişilerin bıraktığı bilgiler devamlı toplanır. Kişilerin köpeklerinin   olup   olmadığı   ,bekar   evli   olup olmadıkları,yaşları,erkekmi, bayanmı oldukları,hangi yaş aralarında olduklarını hemen bulabilirsiniz.Facebookda reklam verme videoları, video kurslarıma katılarak bulabilirsiniz.

HTTPS://BIT.LY/2ZTTVKJ[10]

REKLAMINIZA TEORIK olarak bu şekilde yazabilirsiniz; "30 yaşında bekar köpeği olan bir kadın test için arıyorum." Bu yazının yanına ,sevinçli ,köpek yürüyüşü yapan 30 yaşlarında bir bayan resmi koyarsınız .

Peki bu dikkat çeker mi? Bu reklamlara güvenebilirmisiniz?

Potansiyel müşteri tam olarak bu profile sahipse, açılış sayfasında kendine kitap hediye edildiğini hissederek Landingpage'e tıklayacaktır. Açılış sayfanız eğer onlara göre gerçekten ilginç ,çekici ise e-posta adresinizi alma imkanınız yüksektir.

Google'a "Nasıl kadınlar fethedilir" diye verdiğinizde ilk çıkacak bazı isabetler ve ücretli reklamlar bulacaksınız. (kesinlikle yeni başlayanlar için vazgeçilmez karlı pazardır) verilen bu reklamda olan maliyet sadece birkaç kuruşa mâl olur ! Bu şekilde tıklama ile verilen reklam kişilerin ne istediklerini bilen kişileri bulur ve doğru müşterileri size iletir.Bu şekilde daha çok satış yapma olanağınız artar. Sadece tek tıklama için 20 TL olan tıklama etiketleride vardır,ama onlar gerçekten verdiğiniz paraya değer .

---

10. https://bit.ly/2ztTvkJ

Burada 1 TL ödeyerek 10TL satış yapacağımız müşterilerimizi reklam vererek satın alıyoruz. Burada kendi kendine google da yukarılara çıkmak ve müşteri bulmakla zamanını kaybetmenize hiç gerek yoktur .Onun için tıklama üzerinde reklam vererek müşterilerine daha çabuk ulaşabilirsiniz.

LANDINGPAGE

Google veya başka yerlerde verdiğin ilanlarla kİşilerin tıklayarak geldikleri Landingpage de kişiler kararlarını veririler.Ya E-Mail adreslerini size vererek ücretsiz hediyelerini alırlar,yada Landingpage in iyi olamadığı ve kişiye hitap etmediği için sayfadan çıkar giderler.

Bu kişilerin %70 ila %90 sı sayfanıza bakıp tekrar geri gideceklerdir.Ama korkmayın bu normal birşeydir.

Ben bunu, kaynattığımız makarnayı duvara çarpıp o duvarda kalan 3,4 makarnaya benzetirim.Müşterilerin Landingpage'e gelip sadece birkaç kişinin kalmasıda böyle birşeydir.

Landingpage'de menü yoktur.Landinpage müşterilerin A dan B ye girmelerine ve kafa karıştırmalarına izin vermemelidir.LandingPage sadece bir şeyi teklif eder ve alacaksan al almıycaksan gidersin yöntemi ile yapılır.

Diyelimki,müşterilerin kilo vermek istiyor.O zaman Landingpage'in en yukarısına yazacağın başlık(sadece örnek)"Yağları eritmeye yarayacak 7 gizlenmiş gerçek,ŞİMDİ gerçeklerin açıklanmasına izin verildi"

Bu başlık ile ilgisi olanların ilgisini çeker ve ücretsiz hediye kitabını almaya yöneltirsiniz. E-Maillerini yazacakları bölümün üzerine ise

"Adını ve E-Mailinizi yazınki size bu E-Kitabını anında yollayayım" yazarsınız .İşte bu kadar.Kolaymış değil mi?

Burada dikkat etmeniz gereken şey Landingpage'in işleyip işlemediğidir.Burada en az %10 kişi saize E-Mailini bırakmalıdır.

Landingpage'de dikkat etmen gereken hususlar;

1-Başlık kişilerin ilgisini çekmeli ve yazılarınız açık(ne verilmek istenilen yazılmalı) artı birazda duygusal yazılmalıdır.

2-Herşey düzgün ve profesyonel görünmeli.Bu proğram ile herşeyi kolayca yapabilirsiniz.

https://bit.ly/2ztTvkJ

BU PROĞRAM SADECE LANDINGPAGE için değil,1500 üzerinde hazır şablonu ile sayfa yapımı,video kesme yapıştırma,otomatik cevaplama,ınstagram otomatik post yollama,otomatik email yollama,Kitap kapakları,cd kapakları düzenlemesi ve birçok özellikleride yapmaya yarar.Yani bu proğramı başka yerlerden ayrı ayrı aylık ödeseniz toplam 150 dolar ödersiniz.Ama size verdiğim linkle aylık 69,90 dolar(2019 yılında) ödüyorsunuz ve herhangi bir sorunuzda her zaman yardımcı oluyorlar.Bu proğramla ilgili yardıma ihtiyacınız olduğu zaman bizim linkimizle

SIZE GEREKLI OLACAK en önemli bütün Proğramların toplandığı tek bir Program:https://bit.ly/2ztTvkJ

başvuru yaptığınız da gurubumuza katılarak bütün yardımı size sunabiliyoruz.Facebook ve canlı yardım veya whatsapp yardım ile gurubumuzda yer alabilirsiniz.İsterseniz 7 gün deneyerekde inceleyip alıp almayacağına karar verebilirsiniz.Yedi gün sonra ,sizin isteğiniz üzerine abone yapıyorlar.Hiçbirşey yapmadığınız takdirde üyelikten direk çıkıyorsunuz.

3-Müşrerilerinin hangi ücretsiz hediye kitabını indirdiklerine dikkat edin ve deneme yapın .Öncelikle başlangıçta bir tane Landingpage ve tek bir hediye kitap ile başlayın .Bu şekilde en iyi indirilen hediye E-Kitabını bulabilirsin.

İlk başlayanların çoğu ,Online Marketing'de yaptıkları hatalardan ilk birincisi yaptıkları Landingpage in iyi olduklarını sanıp ,sonuçda hiçbir işe yaramadığını görmeleri ve bu işi bırakmalarıdır.Online marketing deneme yanılma işidir.Landingpage'e uğrayanların %10 ila %30 E-Maillerini bırakmıyorsa, o Landingpage üzerinde çalışma yapılması gerekmektedir.

Tabi burada büyük bir rol oynayan şeylerden tekide ,ücretsiz verdiğin hediyenizdir.

Müşterilerin bu hediye ettiginiz E-kitabındaki gibi konuları arıyorlarmı?ilgilerini çekiyormu?Eğer bunlara hitap etmiyorsanız kişilerin ilgisini çekmediği için o hediye kitabını indirmiyeceklerdir.

Landinpage müşterilerin ilk göreceği sayfa.Müşterilerinin ileriki sayfaya bakıp bakmayacakları,kitabını indirip indirmeyecekleri bu sayfada kesinleşir.Onun için en küçük detayına kadar düşünmelisiniz.

Burada kendinize sormanız gereken sorular şunlardır;

-Eğer ben internette ilgi çeken bir ilana girip, oradan Landingpage sayfasına atlayıp o sayfada kalırmıydım yoksa hemen çıkarmıydım,neden?

-Benim hitap edeceğim kişilerin en büyük isteği nedir?Ben onlara bu istedikleriyle ilgili bir hediye verebilirmiyim?

-Hangi başlığı yazarsam kişilerin ilgisini çekebilirim?

-Hangi ücretsiz bir hediye kişilerin ağzını sulandıracak kadar önemli olabilir?

-Landingpage'de hangi sonucu yazarsam kişiler E-Maillerini bana bırakırlar?

ÜCRETSİZ HEDİYEN

İnsanlar öncelikle kendine güvence veren kişilerden alış veriş yapmayı severler.Eğer hitap ettiğiniz topluluğa gerçekten iyi bir ücretsiz hediye ediyorsanız zaten onların güvencesini kazanmış durumdasınızdır.

Müşterilerinizin hediye E-Kitabı için ilk kendi kendilerine soracak sorular; -Benim için içinde ne var?

-Bu satıcıya inanabilirmiyim?

Mesela Coco Cola,Pepsi,Mersedes,BMW gibi firmalar kendi markalarının güvenilirliğini sağlayarak markalarının isimlerini bütün dünyaya duyurdular.İnsanlar bu ürünleri düşünmeden alıyorlar ve heryerde görüyorsunuz.

Evet eğer kimseyi tanımıyorsan önce onun hakkında bilgi sahibi olur ona nasıl güvenebileceğini araştırırsınız.Buradada sizin kişilerin güvencesini sarsmamak ve onlara güvenilirliğinizi göstermelisiniz.

Müşteriler neleri sever ?

Müşrerilerinin bir sorunu var ve bunlar internette sorunlarına çare bulmak için çözüm arıyorlar ve o anda verdiğiniz ilanına rastgeliyorlar.

Mesela,müşterilerinizin sivilce ile ilgili sorunu var ve sivilcelerden kurtulmak istiyor.

O zaman o kişiye bir ilaç,beslenme ve ruh hali,düşünce gücü ile yardımcı olabiliriz.

Bu yüzyılda herkezinde bildiği gibi bazı hastalıklar düşünce gücü ile yok edilebiliyor.Bunun olabileceğini kimse denemek ve hatta tahmin bile etmek istemiyor.Ama bu bilim araştırmacıları tarafından kanıtlanmıştır.

Verdiğiniz ilan mesela,

"7 gizli doğal ürünle sivilcelerden kurtulmak için BURAYA TIKLA "

Müşterileriniz bu ilana tıklar ve sizin büyük başlıklarla düzenlediğiniz Landingpage sayfanıza geçer.

Bu değerli E-Kitabın normal satış fiyatı 29,95 TL ,sivilceleri 7 gizli doğal ürünle yok etme E-Kitabı bugün burada ÜCRETSİZ.

İşte bu şekilde şansın dahada artmış olacak.

Görseller çok önemlidir.

E- Kitap ,Videokursları bildiğimiz gibi Dijital görünmeyen ürünlerdir.Onun için en azından bu ürünün bir aldısı olmalıdır.Yani dış kabı ne kadar gösterişli , profesyonel olursa ürününüzün değeride bir o kadar artar.

Normal fiyatı XX olan bir E-Kitap ŞİMDİ BEDAVA!

Müşteriler burada bu fırsatı kaçırmak istemezler,onun için kişilere aşağı yukarı bu E-Kitabın fiyatını yazınki ,bu kitaba hiç para vermeden aldığına veya alacağına sevinsinler.Onlara bu iyiliği yapığından dolayıda size güvenlerini arttıracaklardır.Bu yöntemle kişiler bu kitabını hemen indireceklerdir.

Azalan zaman saati ve Pop Up!

Online Marketing de tabiki bazı hilelerde vardır.Bu şekilde kişilere E-Kitabınızı indirmelerini sağlayıp E-Maillerini yazmalarını sağlayabilirsin.Mesela azalan saat ile kişilerin bu fırsatı kaçıracaklarını zannederek ürünü hemen almaları sağlanır.

Landingpage'e gelen kişiler ,ürünü almadan çıkmak istedikleri zaman yukarıdan bir Pop Up çıkarıp ve kişilere ürünün pahalı olup olmadığını, ne kadar verebileceklerini sorabilirsiniz.Ama bunu Facebook ve Google firmaları reklâmlarınızda yapılmasını istemezler.Yapıp yapmayacağına kendin karar vermelisiniz ama ben tavsiye etmiyorum.

Sonuç olarak bu bölümde kişilere bir hediye ürün vermekten bahsettim.Burada hediye ürün , kısa bir E-Kitap,video yada kontrol listesi olabileceğinden bahsettim.

Burada kendinize sormanız gereken sorular;

-Müşterilerime burada ne hediye edebilirim ve herşeyi tam sonuna kadar anlatmadan bazı sorunlarına nasıl çözüm olabilirim.

-Acaba kısa bir Video mu,E-Kitabı mı yoksa kontrol listesi mi hediye etmelisiniz,bunu düşünmelisiniz.

Yapmamanız gerekenler;

-Ücretsiz vereceğin ürünlerde kesinlikle ucuza kaçmayın.Burada vereceğiniz hediye gerçekten çok önemlidirr ve diğer ürününü sattıracak olan en önemli faktördür. Bu hediyeyi indirmeyen diğer ürünü hayatta almaz.

-Sakın müşterilerinize hemen bir sonraki sayfada hesap ödemeleri için Kredi kartı veya satış sayfası çıkarmayın.

WEBİNAR

Webinar nasıl işler ve nedir?

Bu bir canlı veya videodan yapılan satıştır.Bu satışı hazırlarken genellikle slaydlar kullanılır.Yani resim ve yazılar okunarak,anlatılarak yapılır.Bunu yapmak için tavsiye edeceğim proğrama linkten ulaşabilirsin.

https://bit.ly/2ztTvkJ

Diğer proğram ise Powerpoint .Bu proğram ile slayd şeklinde video hazırlayabilirsin.Eğer ben Powerpoint'den anlamam derseniz, bununla ilgili kursa bakabilirsin

https://bit.ly/3f9iDgd

Webinar vermen için diğer proğramlar ise

Webinarjam

Webinaris

Tabiki bulardan daha fazla proğramlar vardır ama benim size tavsiye edeceğim diğer yapabileceğiniz uygulamalarıda içine katarsak ucuza gelecek olan linkteki proğramdır.

HTTPS://BIT.LY/2ZTTVKJ[11]

---

11. https://bit.ly/2ztTvkJ

HERHANGI BIR YARDIMA ihtiyacınız olduğunda elemanlarımız size yardımcı olacaklardır.Önemli olan bu linkten üye olarak facebook grubumuza ve proğram gurubumuza katılmanızdır.

HTTPS://BIT.LY/3CPRHXT[12]

BU PROĞRAM ILE KOLAYCA bir Webinar hazırlayabilirsin.Kullanımı çok basit olan bu proğramın Webinar saaatini ayarlayabilir,webinara göre hatırlatma E-Maili yollayabilir,Webinara sahte katılan isimleri ve yazıları ayarlama bile yapabilirsiniz.

Heralde buraya kadar anlaşılmıştır.

Şimdi sayfanıza bir açıklama,yazılım lağzım.Peki bunu kendin yapabilirimisin?

Acemi bir kişi olarak bunu yapabilirmisin?Hemen kolayca bir açıklama yazarak ürün satmak fayda sağlamaz ama iyi bir açıklama veya yazılım hazırlarsanız satışınız devamlı ve şansınız daha fazla olacaktır.

Sayfa açıklamanızda gramatik ve yazılım hatası olmamalıdır.Eğer dilimizde sorunu olan, kendine güvenemediğin bir durumda tecrübeli bir kişiye işini teslim edebilirsiniz.Bizimlede irtibata www.internettenkurs.com üzerinden geçebilirsiniz.

---

12. https://bit.ly/3cpRHXt

Bir satış sayfası nasıl hazırlanmalı?

Sayfanın düzeni;

Başlık ; Bu senin satış başlığındır.Bu başlığını devamlı test yapmalısınız.Hangi başlığın daha çok kişilerin ilgisini çekip çekmediğini bulmalısınız.

Başlık altı ;Alt başlık ,başlıktan sonra gelen destekleyici alt başlıktır.

Müşterini anlama yazısı ; Yani burada kişilerin sorunlarını anladığınızı ve bunlara örnek vereceğiniz bölümdür.

Geçmiş ; Burada kişiyle aynı sorunlarıda kendinin veya tanıdığın birinin yaşadığını ve ne kadar zor durumlar yaşadığını anlatıyorsunuz.

Ümit ;Çoğu kişi ümitlerinden ve yardımlardan vazgeçmişlerdir.Burada sizin onlara yardım edebileceğini anlatmalısınız.

Kanıt ;Müşterilerinize burada kanıtlarla anlatmalısınız.Burada gerçek olan bilgileri paylaşmak zorundasınız.

Ne nedir? Ne değildir?

Sayfanın bu bölümünde kişilere ürününün ne olduğunu ve ne olmadığını direk müşterilerine anlatmalısınız.

Ürünün faydaları ;Ürünün faydalarını alt alta sırayla yazacak ve anlatacaksınız.

Ürünün kimin için? Kimin için değil?

Mesela ürünün bayanlar içinse,erkekler için olmadığını yazmalısınız.Burada direk kimler için olup olmadığı yazmalısınız.Bununla kişiler sizin nasıl gerçekci olduğunuzu anlarlar ve güvenlerini daha fazla kazanırsınız.

Sizin ürününüzün diğer ürünlerden farkı nedir?

Burada sizin ürününüzün diğer ürünlerden farkları nelerdir madde madde anlatmanız gerekir.Rakiplerinizden farkınız nedir? Rakiplerinizden daha iyi olmanın sebebleri nelerdir? Neden sizin ürününü müşteriler almalıdır?

Ücret; Burada örnek vererek diğer ürünlerle karşılaştırın.

Mesela;Özel Eğitim seti ve video,E-Kitap komple 500 TL olan bu setimi 59,90 TL veriyorum.Bununla birlikte 440,10 TL lik indirimden yararlanıyorsunuz.

Burada eğitim setinde ne kadar indirim yaptığınızı fiyatlar arasındaki farkı vererek anlatmaya çalışın.

Garanti;

Bu bölümde müşterilerinize para geri iade garantisi vererek onlara korkmamaları gerketiğini ve kendinizin, ürününüze olan güvenceninizi gösterir.Burada 14 gün ile 60 gün arasında garanti verebilirsiniz.

Gelecek hayali ; Kişilere bu bölümde eğer sizin ürününü alırlarsa gelecekte nasıl görüneceklerini resimlerle anlatabilirsiniz.

Satışa yönlendir ; Sıra geldi satışa.Kişiler hala sayfanızda ve ilgiyle okuyorlar.Artık şimdi ürününü satın alabilirler.Onun için buraya şimdi kalın bir satın alma tuşu koymalısınız .

Altına kendi imzanı ekleyebilirsin.

En altına

Not ; Neden bu ürünü hemen almaları gerektiklerini yazmalısınız.

Bu şekilde bir sayfa sıralaması yaparak iyi bir sonuç almanız daha basit olacaktır.

Sonuç;Sayfada açıklamalarla ve yazılarla bir satış yapmak sanattır.Eğer Online Marketing'de

ilerlemek istiyorsan bunlarıda sırayla öğrenmeniz gerekir.Eğer yok ben yapamam dersen

www.internettenkurs.com,fiverr,upwork,

bionluk tan yardım alabilirsiniz.

Kendinize sormanız gereken sorular;

-Bu kitapta bu kadar sonuca ulaştıktan sonra uygulanacakları birbir uyguladıktan sonra kendi sayfama iyi bir açıklama yazabilirmiyim?

-Benim yazdığım E-Kitabımın sayfasımı önemli ,yoksa benim satış sayfasındaki açıklamalarım mı? Yapmaman gerekenler;

Müşterilerine devamlı bu üründe nelere sahip olacağını anlatmana gerek yoktur.Müşterilerini bunlarla sıkma.

-Müşterilerine makkap satma ,onlara bir duvara asılan levhayı anlat.Bilmem anlatabildim mi?

Eğer bu kitabımda bu bölümüne kadar geldiyseniz,Online Marketing'de gerekli olan para kazanmak için herşeyi öğrenmişsiniz demektir.

Herşeyi güzel öğrendiniz, sıra şimdi 10.000 TL kazanıp,fare kapanından kurtulmak,devamlı bir gelir elde edip istediğiniz yerden çalışıp ve para kazanmak.Bunları bu kitabım ile başlatmanızı sağlayınca ,inanın sizin adınıza çok mutlu olacağım.

İlk olarak başta reklam olarak verdiğin 100 TL geri kazanmaya çalışacağız.

E -MAİLLER

Burada kişilerin E-Maillerini toplarken amacımız o E-mail adteslerini satarak para kazanmak değildi tabiki.

Eğer bir müşteri sizden bir şey aldıysa ve bu ürün iyi bir kaliteye ,bilgiye sahipse ,bu müşteri sizden memnun kalacak ve tekrar sizden bir ürün daha alacaktır.

Eğer ilk adımda vermiş olduğunuz reklam ücretlerini çıkarabildiyseniz ,ikinci adım olan Upsell veya E-Marketing'i seçerek diğer kitap veya video kursları ile kazanca geçmeye başlayabilirsin.Hala 10.000 TL nasıl kazanacağım diye düşünüyorsan kitabın sonuna kadar okumanı tavsiye ederim.

AYDA 3000 TL KAZANÇ!

Neden bu rakam? Çünkü günde 100 TL kazanmak iyi bir amaçtır.Bununla fazla zorlanmazsın.

Günde 10 tane ürün satsan,E-Mail ve Upsell ile de 40 TL 'lik kazanç sağlarsın.İşte bu kadar!

Bunu başardıktan sonra ,zaten gerisi otomatik olarak gelecektir.

Buraya gelinceye kadar en büyük sorun neydi?

Bu zamana kadar Online Marketing ile uğraşan kişiler bu olduklara yere   ,lap   diye   gelmediler.Onlarda   başlarda zorluklarla,iflaslarla,sorunlarla karşılaştılar.Alın teri dökerek,emek harcayarak ve deneme yanılma ile geldiler bu duruma.

İşletmeciler;işlemeyen bir ürünü bile satabilen ve "Tamam bu olmadı,ama hiçbir zaman pes etmiycem,bu olmazsa diğer ürünle denerim " diyen kişilerdir.

Eğer gerçekten ürün satılmıyorsa ,belki aynı ürün ceşidinde kalıp ,funnel üzerinde biraz değişiklik yapmak gerekir.

Bu arada size çoğu kişi ,"Bırak bu iş olmaz","Bu işle para kazanılmaz" gibi sözler diyeceklerdir.Bunların dediklerini duymamazlıktan gelerek yılmadan bu işin üzerine gidin.Hiçbir zaman vezgeçmeyin ve devamlı yenisini deneyin.Bu kendi işini yapmak demektir.Sabırsız,emeksiz,süreklilik olmadan bir işi başarmanız zordur.Kendi işininizi yapmak istiyorsanız ,bunlara sahip olmak zorundasınız .

Diğer önemli nokta ise,Online Marketing'de kazancınızı iyi hesap edip geliri devamlı yükseltme amacınız olmasıdır.

Kendinize sormanız gereken sorular;

-Online Marketing'de şu an neredeyim ve neyi daha güzel yapabilirim?

-Şu an Online Marketing'den ne kadar kazanıyorum?Daha fazla kazanmak için neler yapmalıyım?

Ne yapmamalısınız?

-"Ben biliyorum" lafını geçip haftada bir gelir ve giderini kontrol etmelisiniz.

-Müşteri yorumlarını ciddiye almalısınız.

10 Dakikada 100.000 TL'yi yakalamak!

Bu bazı kişilere çok abartılı gelebilir.Ama iyi ve kaliteli aranan bir ürünü hitap ederseniz ,karşılığını katıyla geri alırsınız .

10 dakikada 100.000 TL'yi çok basit bir yolla yaptı.Bir hafta 4 Email ile her seferinde birer Video yolladı.Bu Videolar dört bölümden oluşuyordu.

Birinci video kişisel tanıtım ve ikinci videoya hazırlık videosu

İkinci video ürün hakkında anlatılan birçok kolaylık ve bilgi.Ama hiçbir zaman ürün anlatılmaz.Bu video üçüncü videoyada biraz hazırlık yapar.

Üçüncü video ürünün satış videosudur.Ücreti ve özellikleri anlatılır.

Dördüncü video ise ödeme şekilleri ve sorulacak soruların cevapları verilir.

Bu şekilde 10 dakikada 100.000 TL kazandı.Bu şekilde hala kazananlar var.Bunu ülkemizde uygulayan fazla yoktur.Buda sana büyük bir avantaj sağlar.Bunu profesyonel bir şekilde yaparsanız büyük paralar kazanabilirsin.

Gerçekten ayda 10.000 TL kazanıp hiçbirşey yapmak istemiyor musunuz?

İnsanoğlu çalışmadan para sahibi olmak ister.Çünkü çalışanların %60'ı zorunlu olarak çalıştıklarındandır.İstediği işi yapamayanların oranıdır bu.Buda mecburi ,olanaksızlık,maddi sıkıntılardan kaynaklanan zorluklardandır.

Peki hiç çalışmadan da olurmu?"olur,olur"diye bağıran seslerinizi duyabiliyorum.Ama ben buna inanmıyorum.Çünkü bir insan hiç birşey yapmadan duramaz.Belli bir zaman sonra ,sıkıntıdan duramaz.

Ben ne yaptım?

Benim yaptığım ilk olarak Google'da ilan vererek her gün 30-40 E-Mail toplamaya başladım.Herşey otomatik yürüyordu.Bir yandan E-Mailler toplanıyor,bir yandanda ürünlerim satılıyordu.

Yeni videolar çıkartmaya devam ettim.Bazılarnı kendim yaptım,bazılarını ise yaptırdım.Videolarım çoğalmaya başlamıştı.

Ama sonradan bir hata yaptığımı anladım.Diğer ürünlerime konsantre olacağıma,ilk çıkardığım ürünü dahada genişletip tek bir ürün üzerinde kendimi yoğunlaştırmadım.

İlk ürünümden memnun olduğum için onun üzerinde fazla çalışmadım ve buda birinci ürünümün gelişmesine engellemiş oldu.

Onun için sizden ricam ,önce ilk yapmış olduğunuz ürün üzerinde kendinizi geliştirin ve Online Marketing'de kendinizi büyütün .

Bir iş veren olarak şunu unutmamalısınız,her işi kendiniz yapamazsınız,bazı görevleri başkasına vererek işinizi daha da kolaylaştırabilirsiniz.Zamanımızda artık herşeyi kendinizin yapmasına gerek yoktur.Ben bile hala bazı işlerimi internetten yaptırıyorum.Mesela bu zamana kadar yazdığım yazılarımın imla ve Türkçe kurallarını başkalarına kontrol ettiriyorum.Çünkü ben sadece yazmasını seviyorum ve bununla ilgileniyorum.

Evet gerçekten internetten pasif gelir elde edebilirsiniz.Bunu herkez kolayca yapabilir.Önemli olan güvenilirliğinizi,dakikliğinizi koruduktan ve gösterdikten sonra bunun karşılığını fazlasıyla geri alacağınızdan eminim.

E-MAİL GÖNDERİRKEN E-MAİL KONU BAŞLIĞI

Online Marketing bir sanat değildir.Bu kolayca yapılabilir ve bu yöntemle iyi paralar kazanabilirsiniz.Tabi düzgün ve kurallara uygun ,spam yemeden yaparsanız .

E-Mail yazarken bazı şeylere dikkat etmeniz gerekir.Öncelikle dikkat etmeniz gerekenlerden birisi ilk başta yazacağınız E-Mail konu başlığıdır.

En iyi şu şekilde bir E-Mail yapabilirsiniz;öncelikle size gelen E-Maillerden hangisini önce açarsın, düşünmelisin.

Heralde en çok sevdiğiniz arkadaşınızdan gelen E-Maili önce açarsınız değil mi?

Ama konu başlığına şu şekilde yazsak "A pardon unuttum" yazmak yerine "Bu büyük indirimi kaçırma"yazmaktan daha iyi ve ilgi çekici değil mi?

TAM OLARAK AÇILMA ORANI NEDİR?

100 kişiye tıkladığınız E-Mailinizden 25 kişi açıyorsa ,açılma oranı %25 dir.İnsanları E-Mailleri açmalarını sağlayan iki faktor vardır.

-Önce gönderdiğin E-Maillerin iyi olmasıdır.

-E-Mailinin konu satırının ilginç olması.

Peki hangi açılma oranı sizin için iyiye gidişattır?

Bunun için belli bir şey diyemeyiz.Bir yıl içinde %30 oranında açılan bir E-Mail listesi çok iyi bir orandır.

Size ücretsiz kayıt olan kişilerin listesinden sonra %20 civarında olmalıdır.Tabiki bu bir sonraki ürünün kalitesinede bağlıdır.Niş'in ürünüde bunu etkilemektedir.

E-Mailin uzunluğu ne kadar olmalıdır?

Aşağı yukarı 500 ila 1500 kelime arasında olmalıdır.Fazlası iyi değildir.Çünkü siz burada bir E-Mail yazıyorsunuz,bir kitap değil.Okuyucunuza uzun yazarak onu sıkmayın.Zaten E-Mailini sonuna kadar okumayacaktır.Göndericeğin E-Mailler kişilerle ilgili ve bilgi verici olmalıdır.Direk devamlı reklam amaçlı link kullanmayın.Müşterileriniz sizi bir satıcı olarak görmemelidir.Eğer sizi bir satıcı olarak görürlerse sizi engellemeye çalışacaklardır.Onlar sizin için bir altın değerindedirler.Onlara iyi davranın.Asla okuyucularını rahatsız etmeyin.Okuyucularınızın güvenini alın ama onları aman kızdırmayın.Okuyucular sizin gibi,size güvenir ve sizden iyi şeyler geleceğine inanırlar .Onun için zaten 2000 okuyucu listesi ile siz iyi bir pasif elde edeceksiniz.Onları sıkmanın size hiçbir faydası yoktur.

İŞÇILIKTEN IŞVEREN olmak!

Gelecek devam edenleri her zaman ödüllendirir.

Müşterilerimin çoğu önceleri bir yere yerleştirilmis ve hamster çarkında hapse atılmışlardı

"Hamster çarkı nedir? Bir çarkın içinde devamlı koşarsınız, ama hiç ilerleyemezsiniz .Bunu fareler için kullanırlar.Kesin görmüşsünüzdür.

Bu fare kapanında çok az tasarruf edilebilinir ve genellikle başkalarının isteğine maruz kalan kişilerin bulunduğu kapandır . Kendi kararlarını kendileri veremezler.

Şanslı olan memurlar , gelirleri genellikle iyidir ve daha serbesttirler.Memursanız rahatınız yerindedir bence.Yapacağınız işten zevk almalısınız zaten zevk alamıyorsanız bu kendinize eziyet etmekten başka bir şey değildir.

Sizde nasıl?

Online Marketing kurmak için hazırmısınız ?Yoksa işinizden memnun musunuz?Eğer hayalinizde kendi şefiniz olmak ister ve çalıştığınız işinizden memnun değilseniz ,bence Online Marketing'i ek iş olarak başlamanızı tavsiye ederim.Çünkü başta direk kendi işinizi kurarsanız biraz sermayeye ihtiyacınız olabilir.

Ya da direk soğuk denize atlamak mı istersiniz?

Eğer gerçekten başarabileceğinize inanıp,gönül verip buradan para kazanabileceğinize inanıyorsanız tabiki direk diğer işinizi bırakır kendi adınıza bir işletme vergi numarası alıp işinizi açabilirsiniz.Direk ek işini bırakıp kendi işinizi kurmanın faydası,haftada ilk başlarda 60 saat kendi işinize odaklanabilir ve ileride daha çabuk paralar kazanabilirsiniz.

Başka yerlerde işçi olarak çalışan kişiler genellikle korkarlar. Çünkü kendilerine o kadar soru sorarlarki onları kendilerine problem yaparlar.

Tabiki hiçbir işin garantisi yoktur.Eğer birisi size bir iş olduğunu ve %100 kazandığını,sorunsuz olduğunu söylerse ,o kişiden uzak durun.Çünkü anlattıkları yalandır.

İşçiyken direk işveren olmanızı tavsiye etmem.Çünkü direk risikoya atlamış olursunuz.Eğer risikosuz bir Online Marketing işletmek istiyorsanızda , bu işe o zaman hiç başlamayın derim.Hiçbir işi kimse risikosuz kuramaz.Bu sadece Online Marketing için değil gerçekten bütün işler içindir.

Zamanın ,enerjin,hevesin ,paran olması lağzım ki, işini risikosuz yapabilesiniz.

Bende bu zamana kadar 10 tane iş kurdum ve bunlardan sadece 2 tanesinde başarılı oldum.Peki şimdi başarılı olmadım diye vazmı geçmeliydim.Hayır .Herkez bana gülüyor,kızıyor ve hatta benimle dalga geçen bile olmuştu.Ben bu işlerin risikolu olup olmadığını bilmiyormuydum?

Tabiki biliyordum.Benim sadece dikkat ettiğim husus,fazla sermaye vermeden bir iş kurabilmekti ve başardım.Buda sabrımdan,pes etmememden,yanılma ve deneme yapmamdan kaynaklandı.Bu oyun hiçbir zaman değişmez.Yani iş kurarken ,herzaman her işte risiko vardır.

Eğer gerçekten güvenli bir iş istiyorsanız,sizin için en iyi olan şey bence lotto oynamaktır.

Adım adım kendi işini kurmak.

İlk üç yıl zorluk çekiyor ve bir çok şey öğreneceksiniz.Bunlar ,gelir ,gider,defter tutma,vergi hesaplaması gibi şeyler.Bunları kendiniz ilerde yapmasanız bile,en azından bilgi sahibi olmanızı tavsiye ederim.

Bunun yanında tabi öncelikle Online Business ile bölümünüz hakkında daha usta olmak,web trafiğini anlamak,sayfa açıklaması üzerinde ustalaşmanız ilk başta öğrenmeneniz gereken şeylerdir.Gelir giderlerlerini Excel üzerinden çalışmayıda öğrenmelisiniz.Bu konu üzerinde hiç bilginiz yoksa size tavsiye edebileceğim kurs ile kısa sürede öğrenebilirsiniz.

EXCEL KURSU LINKI BURAYA TIKLA![13]

Şunu bilinki kimse süper değildir.Sizde ilk başlarda hatalar yapabilirsiniz.Bu bir ila üç yıl sürebilir.Sonra bazı şeyler hakkında bilgi sahibi olduktan sonrada zaman kazanmak için başka birisine teslimde edebilirsiniz.

Otomatik bir Online Business yapmanız için öncelikle kendi bölümün hakkında yeterli bilgiyi toplamanız gerekir.Tabiki Online Business üzerinde tam otomatik bir işletme yapabiliyorsunuz.Kendi bölümünüzde herşeyi öğrendikten sonra işçilerinize verebilirsin.Bu işi kendiniz önce bir sene yapmanız gerekirki herşeye ilerde cevap verebilmelisiniz.İşleriniz ilerledikten sonra bunları bölüm bölüm ayırıp işlerinizi teslim etmeyi şu şekilde ayırabilirsiniz;

Müşteri hizmetleri

Müşterilerin devamlı herşey hakkında soruları olduğu için bunu eksik etmemelisiniz.Öncelikle başta kendiniz yapmanız gerekir ki müşterilerin en çok sorduğu soruları icabında direk Web sayfasında cevabını verebilirsiniz.Sonra bu konular üzerinde bilgi verip eğitmelisiniz.Müşteriler cevabın açık ve doğru olmasını isterler.Bunun için müşteri hizmetlerinde hatalardan kaçınılmalıdır.

---

13. http://bit.ly/37XZx9y

Web sayfası trafiği

Bir Web sayfanın işlemesi için en önemli şey,web sayfasının trafiğidir.Onun için bu konularla ilgilenen ve kişi bunu yaparken zevkle yapan birisini bulup bunlarla ilgilenmesini,uğraşmasını sağlamak.

Web sayfası açıklaması

Herkez gerçekten süper bir açıklama yazamaz.Ama bunu herkez öğrenip kendisi yazabilir.Yapamıycam dediğiniz konuları tabiki başkasına teslim etmek daha mantıklıdır.

Ürün hazırlama

Dijital ürün hazırlamak gerçekten kolaydır ama tabiki profesyonel kişilerin yapması başkadır.Bunuda başka bir profesyonel kişinin yapması mantıklıdır.

Muhasebeci

Artık zamanımızda mühasebeci bulmak zor değildir.Hesap kitap işlerinin,gider ve giderleri tutacak ve vergi hesaplarıyla uğraşacak bir muhasebeciyi unutmamak lağzımdır.

Dizayn ve Web tasarım

Bunun için aslında sana öncedende tavsiye ettiğim proğramı

https://bit.ly/2ztTvkJ

KULLANIP HERŞEYI KENDINIZ yapabilirsiniz.Ama zamandan kazanmak için bu proğramı işçilerinden birine öğretip yaptırabilirsiniz.

Kendinize işten anlayan,Online Business ile ilgilenen iki arkadaş bulun.

Web tasarımı,web sayfası açıklaması yazan ve dizayn ile uğraşan arkadaş bulun.Bundan her zaman yeni fikirler öğrenebilirsiniz.

İkincisi ise muhasebeci,finanz ile ilgilenen ,bilgili bir arkadaşınız olmalı.Bunlardan alacağın bilgilerle ve yeni fikirlerle işini dahada geliştirebilirsiniz.

BUNU MUTLAKA YAP

Bununla mutlaka korkularınızdan kurtulacaksınız.Evet sakın saçma demeyin,gerçi bende ilk böyle demiştim.Ama uyguladıktan sonra çok faydasını gördüm.Yazdıklarımı lütfen konsantre olarak sessiz sakin bir yerde yapın.Olmadı derseniz lütfen tekrar deneyin.

1-Kurtulmak istediğiniz,korku,kendinde sevmediğin huylar veya istemedğiniz bir alışkanlığı bir kağıda yazın.Eğer resmi varsa tabi onuda alabilirsiniz.

2-Sessiz ,sakın ,sizi rahatsız edemeyecekleri bir yere gidin ve yazdığınız kağıdı ve resimleri yakın.Yakarken bütün vücudun ile konsantre ol ve yanarken gözleriniz yanan kağıtta ve resimlerde olsun.Bunları elinizde tutarak yakın ve bütün vucüdun ile konsantre olarak "senden kurtuluyorum" de.Ama bunu içten söyleyin.Bunu iki üç defa söyleyin.Parmaklarınının dibinde yanan kağıtların sıcaklığını hissedince bırakın ve "senden kurtuldum"diyerek yere atın.

3-Derin bir nefes alın ve oradan gidin.Oradan giderken ne kadar güçsüz ,düşüncesiz ve rahatlamış olduğunu hissedeceksiniz.

DAHA FAZLA ENERJI ALMANIZ için 6 harika ipucu

Birçok insan yeterli enerjiden yoksunluktan şikayet ediyor. Hayallerini ve vizyonlarını gerçeğe dönüştürmek istiyorlar, ancak sürekli tembel ve yorgunlar.

Bu size tanıdık geliyor mu? O zaman bugün daha fazla enerji almanız için 6 harika ipucum var.

1. İpucu: Uyku kalitenize dikkat edin

Uyku inanılmaz derecede önemlidir ve gerçek bir girişimci uykusundan tasarruf etmez. Arada bir girişimciler birkaç geceden vazgeçmek zorunda kalır, ama bu kuraldan ziyade istisna olmalıdır. En uygun uyku süresinin 7 ila 9 saat arasında olduğu bilinmektedir. Ancak sadece uyku uzunluğu değil, aynı zamanda kalite de önemlidir. Gerçekten sağlıklı uyuyor musunuz yoksa geceleri uyanmaya devam ediyor musunuz? Odayı havalandırmak, daha az şeker tüketmek ve düzenli olarak temiz yatak olması çok büyük bir fark yaratabilir.

1. İpucu: Hayatınızdan erteleyin "Ertelerseniz, gevşersiniz."

Erteleme düğmesini sabah erkenden kullandığınızda, beyninize sadece koşullardan daha zayıf olduğunuzu söylemekle kalmaz, aynı zamanda yeni bir uyku döngüsüne başlarsınız. Yeni uyku döngüsü birkaç dakika sonra iptal edilir ve sonuç, öncekinden çok daha gevşek olmanızdır.

Açıkça: Ertelemeye alışın ve gelişiminizde dev bir adım atacaksınız. İlk başta zordur, ancak birkaç gün sonra her sabah günün ilk küçük başarısını kutlarsınız.

1. İpucu: Düzenli egzersiz yapın

Spor sizi enerjiyi almaz, size enerji verir. Düzenli egzersiz yapanlar sadece daha iyi görünmekle kalmaz, daha uzun yaşar ve kendilerini daha iyi hissederler, aynı zamanda çok daha fazla enerjiye sahiptirler.

Bilgisayar önündeki işinizle sağlıklı bir dengeye sahip olmanız önemlidir. Henüz spor yapmıyorsanız, haftada iki kez 30 dakika kısa bir spor yapmanızı ve haftada iki kez kuvvet antrenmanı yapmanızı tavsiye ederim. Bedeniniz ve zihniniz size teşekkür edecektir.

4. İpucu: Her gün meditasyon yapın

Bu arada, meditasyon artık marjinal bir fenomen değildir. Birçok yönetici ve girişimci bunu yapma hakkına sahiptir. Sürekli bilgi akışı ve internet üzerinden sürekli erişilebilirlik beynimiz için çok streslidir. Bu bizi farkındalığımızdan koparır ve kendimizi ısrarla hissederiz.

Meditasyon, daha taze ve zinde hissetmeye yardımcı olur. Kafanızı duş gibi rahatlatır . Her gün meditasyon yapmak en iyisidir. 5 dakika ile başlayın. YouTube'daki tüm varyasyon ve uzunluklarda harika rehberli meditasyonlar var. Bu şekilde bir şekilde devam edebilirsiniz.

İpucu 5: Hangi diyet sizin için en iyisidir?

Bu temel diyetle ilgili değil, bir şeyler yemelisiniz. Şimdi size kesin yönergeler vermek daha az mantıklı olacaktır. Aksine, hislerinizi dinlemelisiniz. Öğle yemeğinde yarım kilo pilav ile kızarmış ördek eti yediğinizde ne hissediyorsunuz? Belki biraz daha hafif yiyecek veya daha az karbonhidrat sizi daha rahat hissettirir. Vücudunuzun günlük yaşamınızda nasıl tepki gösterdiğini ve uyguladığını görün. Çünkü düşük enerji seviyenizden çıkmak için öğle yemeğinden 2 saat sonra ihtiyacınız yoksa çok daha üretken olursunuz.

6. İpucu: Yeterli su için

Gerçekten yeterince su içiyor musun? Meyve suları, limonatalar veya diğer şeyler degil bahsettiğim, demek ıstediğim ,sade temiz su. Yeterince su içerseniz, sadece cildiniz için iyi bir şey yapmazsınız, aynı zamanda çok daha enerjiksinizdir.

Benim tavsiyem günde 2-3 litredir. İdeal olarak, yoğun susuzluk hissetmeden önce içersiniz. Ayrıca yatağın yanında büyük bir şişe su her zaman olmalıdır. Bu, uyuduktan hemen sonra bir şişe alabilir ve vücudumu su ile yenileyebileceğim anlamına gelir. Siz uyurken vücudunuz susuz kalır. Ayrıca,kalkınca yarım litre su içtiğinizde, kendinizi sabahları çok daha iyi hissedersiniz.

Suyun tüm yaşamın kaynağı olduğunu herkes bilir.

Umarım bu ipuçları sizin daha fazla güce sahip olmanıza yardımcı olur, böylece uzun bir iş gününden sonra bile hayalleriniz ve kendi vizyonunuz üzerinde çalışmak için yeterli enerjiniz olur. Uygulama konusunda yardıma ihtiyacınız varsa ve henüz hedeflerinize nasıl yaklaşacağınızı tam olarak bilmiyorsanız, benim gittigim yolu takip ederek internette belirli yerlere ulaşarak para kazabilirsiniz. Bunun için tabiki bazı proğramları tanımadan hiçbirşey yapamazsınız.

Giriş

Öncelikle güveniniz için teşekkürler... Bu kitap, e-kitaplar hakkında yazılmış diğer kitaplardan tamamen farklı. Eğer başarılı olup, hedefinize ulaşmak istiyorsanız, kesinlikle bu kitaba ihtiyacınız olacak. İnsanların bu kitabı ellerinde tutmasının birçok farklı nedeni olabilir. Örneğin; mükemmel bir program tasarlamak, internetten para kazanmak, var olan müşterilerini ikiye katlamak, pasif bir gelir elde etmek, aktif piyasada bir uzman olmak ya da müşterilerinizi daha da memnun etmek istiyor olabilirsiniz. Eğer bu sebeplerden bir tanesi için bu kitabı okuyorsan, elimde başarılı olman için pek çok öneri var. Bunun, senin % 100 başarı sağlamana yardımcı olacağını söyleyebilirim, bu yüzden kim olduğumu bilmeyi hak ediyorsun.

Adım Hakan Uytan ve 2018'den bu yana Amazon'da e-kitaplar üzerinden yayıncılık yapıyorum. İlk başta, bu iş modelinin benim için doğru olup olmadığı konusunda çekincelerim vardı.

Kuşkuluydum, çünkü okulda yazma ve okuma konusunda asla en iyi değildim ve daha önce hiç kitap yazmadım. Aslında, para kaybetmekten korktuğumu söylesem daha doğru olur. Fakat işe başladıktan sonra sonuç etkileyiciydi. İlk 3 ay içinde, 4 kitap yayınladıktan sonra aylık satışlardan

1.000 € 'dan fazla para kazandım. Aylık 1.000 € kazandığım zamanlarda, e-kitaplarda Almanca pek fazla bilgi ve döküman bulunmuyordu. Titiz çalışmalar yürüterek birçok bilgi topladım. Yükselene kadar benim yaptığım hataları yapmak zorunda değilsiniz. İhtiyacınız olan tüm bilgileri, esepeti.com adlı web sitemden kolayca bulabilirsiniz hatta videolardan yararlanabilirsiniz.

İnternetten para kazanmak hiç bu kadar kolay olmamıştı. İster bağlı kuruluş pazarlaması, ister e- kitap veya ister video kurslarının satışı olsun, internette para kazanmak için çok sayıda fırsat vardır ve herkes için kendi ilgi alanlarınıza ve becerilerinize uyan bir şeyler vardır. Daha önce özel bir bilgiye, dereceye veya eğitime ihtiyacınız yok. Son derece iyi kazanma potansiyeline ek olarak, Internet, çalışmayı özellikle heyecan verici hale getiren birçok başka benzersiz avantajlar sunmaktadır. Böylece, dünyanın herhangi bir yerinden ofise hapis olmadan çalışabilirsiniz ve her zaman kendi patronunuz olabilirsiniz. Bu , finansal ve kişisel özgürlükteki yaşamı mümkün kılar ve nihayetinde hepimizin gayret gösterdiği hedef budur. İşte bu yüzden neredeyse iki yıl önce "İnternette para kazanmak" konusu ile ilgilenmeye başladım. Başlangıçta, bana iyi sonuçlar veren niş siteler kurmaya başladım. Daha sonra internette dijital bilgi ürünlerinin satışına geçtim. İşin güzel yanı, bu e-kitapta size birçok alanı birleştirebileceğinizi göstereceğim. Böylece iki yıl sonra hayatımı istediğim gibi yaşamayı ve o kadar çok para kazanmayı başardım ki artık finansal olarak endişelenmek zorunda kalmayacağım. Size kesinlikle bunu söylemiyorum, sadece internette neyin mümkün olduğunu ve 21. yüzyıl hamster çarkında yakalanmadan nasıl finansal ve kişisel bir özgürlük hayatı yaşayabileceğinizi açıkça belirtmek istiyorum . Bu yüzden bu e-kitapta, çevrimiçi pazarlama ve İnternet üzerinden para kazanma konusundaki tüm bilgimi ileteceğim. Bu yolla, her ay bağlı kuruluş linkleri üzerinden üç haneli tutarlar üreten başarılı bir niş sitesi oluşturmayı tam olarak öğreneceksiniz. Size dijital bilgi ürünlerinin nasıl oluşturulacağını ve nasıl etkili bir şekilde pazarlanacağını da göstereceğim. Ama başlamadan önce, baştan biraz çalışmanın gerekli olduğunu söylemek istiyorum. Önümüzdeki hafta talimatlarımla bir milyoner olacağını düşünüyorsanız, bu e- kitap sizin için değildir. Size uygulanması daha kolay olan adım adım talimatlar vereceğim, ama asıl mesele şu ki: Daha önce elde ettiğim başarıları elde etmek istiyorsanız talimatları% 100 uygulamanız gerekiyor. Yani iş olmadan hiçbir şey olmuyor. Ancak talimatları uygulamaya hazırsanız, Internet'te başarılı olmak için tüm kapılar size açıktır.

Dijital bilgi ürünlerinin satışı Dijital bilgi ürünleri e-kitaplar, video kursları ve sesli kurslardır. Bununla birlikte, sesli kurslar çok kullanışlı değildir, bu yüzden şimdi iki tür bilgi ürününe, e- kitaplara ve video kurslarına odaklanmak istiyoruz. Hangi e-kitaplar olmalıdır. Size sunduğum içerik, örneğin bir e-kitap olarak derlendi. Video kursları, videoların genellikle korumalı bir üye alanına yerleştirildiği kurslardır; bu, kursa yalnızca uygun erişim verileriyle girebileceğiniz anlamına gelir. E-kitaplarla para kazanma fırsatı ile başlayalım. Bu seçenek oldukça basit, sonuçta, bir e-kitap yapmak çok kolaydır. Tek ihtiyacınız olan, yazabileceğiniz bir konu ve bir kapak hakkında bilgi sahibi olmak.

E-kitapların satışına gelince, öncelikle romanlar değil, rehberlerin satışı demek istiyorum. Örneğin, bu e-kitap, "https://bit.ly/3cJbZMz" konusunda bu rehberden başka bir şey değildir. Bu nedenle, herhangi bir alanda uzmanlık bilginiz varsa, basitçe bir e-kitapta özetleyebilir ve böylece artık gelir elde edebilirsiniz. E-kitaplar için metin almanın bir başka yolu, e-kitabı sizin için yazacak bir hayalet yazarı bulmaktır. Örneğin, üniversite Facebook gruplarından ya da internettenkurs.com,dijitalalsat.com[1]
[4],fiverr,upwork,bionluk gibi sitelerden bilgi alabilirsiniz ve genellikle bir

---

14. http://www.dijitalalsat.com/

e-kitap olarak satabileceğiniz yaklaşık 100 dolarlık bir metin alırsınız. İstediğiniz konuyu dijitalalsat.com[15]sitesine yazarakda yardım isteyebilirsiniz.

Üç önemli bölüm sizlere tavsiye ederim.Bunlar bilgi ürünleri için en fazla talebin olduğu pazarlardır. Bu pazarlar arasında "Sağlık ve Zindelik", "İlişkiler" ve "Para Kazanın ve Tasarruf Etme" bulunmaktadır. Bu alanlardan birinde bilginiz varsa, özellikle e-kitabınızla iyi bir şansınız var. Tabii ki bu alanlara aşina olma ve daha sonra bir e-kitap oluşturma imkanı da var. E-kitap oluşturulduğunda, bir sonraki adım satmaktır.

Burada birkaç seçenek var. Bir yandan e-kitabınızı Amazon Kindle'a yükleyebilir ve orada satabilirsiniz (bu şu anda sadece ingilizce ve almanca olabilir.Ama bu konuda bu dilleri bilmek zorunda değilsiniz.Kurs almak için https://bit.ly/2VMMsfd kurslara girebilirsiniz) veya e-kitabınızı kendi web sitenizde yayınlayabilirsiniz. Her iki yöntemin de avantajları ve dezavantajları var: Amazon Kindle'ın avantajı, orada çok sayıda potansiyel müşteri bulunması, bu nedenle Kitabında müşteri potansiyeli çoktur. Bu elbette kendi web sitelerimizde sorun değil. Oda web sitenizin kaç ziyaretçisi olduğuna bağlı. Ancak Amazon Kindle'ın dezavantajı, fiyatlandırma ve pazarlama seçeneklerinin sınırlı olmasıdır. Amazon'da yalnızca e-kitap fiyatları ile en fazla 5-10 Dolar'a kadar gidebilirsiniz ve yalnızca liste pazarlama için kullanılabilir. Kendi web sitenizde bir e-kitap satıyorsanız, önemli ölçüde daha yüksek fiyatlar isteme seçeneğiniz vardır ve belirleyici bir avantaj, örneğin bir video olarak daha kolay pazarlayabilmenizdir.

---

15. http://www.dijitalalsat.com/

Gelin şimdi sizinle E-Kitap hakkında bilgi edinelim;

E-kitap Tam Olarak Nedir ve Bunu Bu Kadar Özel Kılan Nedir?

E-book kelimesi İngilizce'den gelmektedir ve elektronik kitap anlamına gelmektedir. Yani, dijital olarak depolanan bir kitap içeriğini açıklar. E-kitapları okumak için bağımsız bir okuyucu var ve buna e-kitap okuyucu denir. Ancak bir akıllı telefon, tablet veya bilgisayar ile de elektronik kitapları kolayca okuyabilirsiniz. E-kitap işi, temel olarak diğer insanların sorunlarını çözmekle ilgilidir.

Bunu yapmanın en iyi yolu kurgusal olmayan rehberler, yani farklı konularda kurgusal olmayan kitaplardır. Bu kitaplarda, belirli bir sorun kısa ve özlü bir şekilde çözülmüş ve bu da birkaç sayfada anlatılmıştır. İnsanlar sorunlarını dakikalar içinde çözmek isterler. Bu yüzden Amazon Kindle Direct Publishing ile çalışmanızı öneririm. Bunu başından beri kendim yapıyorum ve bundan çok memnunum.

Okumak İçin Bir E-kitabı Nasıl Edinebilirsin?

- İndirme

E-kitaplara ulaşmak için çok sayıda sağlayıcıdan / dükkandan birini seçin, dilediğiniz bir kitabı seçin ve indirmeye başlayın. Okuma cihazlarını doğrudan Ebook-Reader Mağazasından kolayca sipariş edebilirsiniz. Genellikle mağazanın elinde her okuyucu mevcut ve son derece uygun tekliflerle satın alabilirsiniz.

- Ödeme

İstediğiniz kitabı seçip indirdiyseniz, sayfa sizi ödemeye yönlendirir. Sağlayıcılar genellikle normal ödeme yöntemleri sunar. Bunlara banka havalesi, kredi kartı, Paypal, Sofortüberweisung veya otomatik ödeme dahildir. Fakat belki de şanslısınızdır ve seçtiğiniz kitap ücretsizdir, o zaman tabii ki ödeme işlemi geçerli değildir.

- Okuyucunun Yüklenmesi

E-kitapların çoğu okuyucuya WLAN aracılığıyla otomatik olarak kopyalanır. İndirme sırasında WiFi bağlantınız yoksa, kitabınızı USB kablosuyla cihaza aktarabilirsiniz. Bazı modellerde, her şey mobil ağ üzerinden bile çalışıyor.

- Tarama ve İyi Eğlenceler

En sevdiğiniz kitapları okuyucuya kaydettiyseniz, şimdi okumaya başlayabilirsiniz.

E-kitaplar Sadece Okumak İçin Değil, Daha Birçok Özelliği İçin Tercih Edilebilir

Yüksek Sesle Okuma

Elektronik kitaplarınızı sizin için okuyan bazı e-kitap okuyucular var. Böylece başka işlerle ilgilenirken kitabınızı dinleyebilirsiniz.

Yanlış Kitap mı Aldınız?

Hiç sorun değil! Bazı e-kitap dükkanlarında, iki hafta içinde aldığınız kitabı iade edebilirsiniz.

Kitap Arşivleme

E-kitaplar "bir kitaplığa" ayrılabilir. Çoğu e-kitap mağazası, sıralama işlevi sunar. Ayrıca kendi klasörlerinizi de oluşturabilirsiniz. Bunun yanı sıra e-kitapları ödünç almak da mümkündür. Bu seçenek, genellikle kitap satın almaktan daha ucuzdur. Önümüzdeki birkaç yıl içinde, kitaplarınızı arkadaşlarınız ile de değiş-tokuş edebileceksiniz. Tam uygulama hala test ediliyor.

E-Kitapların Yararları

Elektronik kitaplar basılı kitaplara göre birçok avantaj sunar. E-kitap mağazalarında, binlerce kitap vardır. Bazı büyük dünya edebiyatı klasikleri dahil birçok e-kitap ücretsizdir. Ayrıca, okumak için artık gözlüğe de ihtiyacınız yok. Kullandığınız okuyucudaki yazı tipi boyutunu değiştirmek en sık kullanılan özellikler arasındadır. Bu özellik kitabınızı rahatça okumanızı sağlar. E-kitaplar genellikle kitap satın almaktan daha ucuzdur. Bu genellikle % 20 tasarruf sağlar. Ek olarak, bir e- kitap çok az alana ihtiyaç duyar, böylece kalabalık bir kitap rafına gerek duymazsınız. Böylece yine tasarruf edersiniz. Hem yerden, hem de paradan... Kitapları kanepenizde yatarken rahatça satın alabilirsiniz Böylece bir kitapçıya gitmeniz veya kitap postayla gönderilene kadar beklemeniz gerekmez. Yolculuktayken okumak istediğiniz kitap ne olursa olsun, bir e-kitap okuyucu çoğu kitaptan daha hafiftir, bu nedenle yanınızda 100 kitap bile olsa, kolayca taşınabilir. Yabancı dilde kitap okumaktan zevk alıyorsanız, çevirileri veya sözcük anlamlarını hızlıca arama avantajına sahip olursunuz. Doğa sevenlerin, e-kitapların üretimi sırasında hiçbir ağacın kesilmediğini bilmeleri önemlidir. Diğer bir avantaj, e-kitapların her zaman güncel olmasıdır. Yeni bir güncelleme yayınlandıktan sonra, yepyeni kitaplar ile buluşabilirsiniz.

● E-Kitapların Dezavantajları

E-kitapların en büyük dezavantajı, elektronik bir kitap satın aldığınızda, yalnızca kitabı kullanma ve okuma haklarına sahip olmanızdır. Kitaplar, doğrudan size ait değildir. Kendi kitaplarınızı satmak veya bir başkasına vermek sınırlıdır. Çevrimiçi sağlayıcıların kurallarını ihlal ederseniz, kitap koleksiyonlarınızın tümü silinebilir. Ek olarak, gizlilik konusu dikkatle ele alınmalıdır. Elbette, bir

e-okuyucu verilerinizi toplar ve saklar. E-okuyucular ve dolayısıyla E-kitaplar, geleneksel kitaplardan daha değerlidir. Bu, kaybolurlarsa daha büyük bir kayıp demektir. Son yıllarda, birçok kitap severin e-kitap satın aldığı giderek daha belirgin hale geldi. Yolculuğun hala devam ettiği ve e-kitabın daha da büyümesini yakın gelecekte göreceğiz. Kullanım kolaylığı, okuyucuların geniş saklama kapasitesi ve birçok işlevsel olasılık nedeniyle e-kitaplar basılı çıktıya alternatif olarak daha popüler hale gelmektedir.

● Kitap Yapımı Kronolojisi

Bir e-kitap yazmaya karar verdiyseniz, ilk önce ortak bir konu ayarlamanız zekice olacaktır. Bir e- kitabın başarısı için, adım adım çalışabileceğiniz açık bir süreç vardır. Sonuç olarak, tüm basamakları kafanızda resmedebilmeniz için bu kılavuzu adım adım anlatmak istiyorum. Bu iş modelinde, başarılı olmak için farklı yaklaşımlardan bahsediyoruz. Günümüz dünyasında, insanlar daha az zamana sahipler ve günlük zorlukları ve problemleriyle hızlı ve kolay bir şekilde başa çıkmak istiyorlar. Tam da bu nedenle, e-kitaplar mükemmel ve uzun bir süre içinde daha fazla satış bulmaya devam edecek. Bu kitaplar, iyi kalitede olmaları kaydıyla, büyük bir potansiyele sahipler ve gittikçe daha popüler hale geliyorlar. Okurlara ve hatta kendi yayıncılarına büyük katma değer sunan e-kitapları okumak son derece hızlı ve kolaydır. Kendi kendine yayıncı olarak, Amazon üzerinden "talep üzerine" bir ciltsiz baskı yapma seçeneğiniz vardır. Sonuç olarak, bir maliyetiniz yok ve sadece kendi fiziksel kitabınız var. Böyle bir kitabı, niteliksel ve oldukça değerli bir kartvizit olarak kullanabilirsiniz. Bununla beraber, müşterilerinizin güvenini, kendi uzmanlığınızı arttırır ve büyük bir katma değer sunarsınız. Bu yaklaşım zaten kendini yüzlerce kez kanıtladı ve sansasyonel satış artışları ve tüm sektörlerdeki en çeşitli girişimciler için tam programlar sağladı.

Şimdi sırayla kronolojiye bir göz atalım:

Beyin Fırtınası

Beyin fırtınası veya niş analizi yaparken, her niş içinde kaç tane "rakip kitap" olduğunu karşılaştırmanız önemlidir. "Hayalet Yazarlar" (ghostwriter) sizin için şarkı sözü yazan insanlardır. Buraya fikrinize (niş) göre bir metin yazdırabilirsiniz, böylece kitabınızı kendinizin yazmanıza gerek kalmaz. Bu insanlar, e-kitap işine herkesin başlayabilmesini sağlamaktan sorumludur.

Kapak

Bir kitabın kapağı satış motorudur. Amazon'da arka plan beyaz renkte tutulur. Bu nedenle kapak görüntüsü öne çıkmar ve iyi satış yapmak için dikkat çekici olur.

Başlık

Kitabın başlığı akıllıca seçilmelidir. Burada sondaj ismine bağlı değildir, fakat esas olarak aranan anahtar kelimelerin metinde listelenmesi gerçeğine bağlıdır.

Yazar Adı

Yazar adı, kendi kendini yayımlayan kişinin adı olmak zorunda değildir. Sözde takma adı (hayali adı) daha iyi olabilir.

Kitap Uzmanlığı

Müşteri algılamasında, bir uzman birçok farklı alanda gerçek bir uzman olamaz. Yani bir müşterinin gözünde, bahçecilik, sevgi ve seks, aynı zamanda beslenme ve yemek tarifleri konusunda uzman olamazsınız. Öyleyse, kitabınızla birlikte, tomurcuklanan okuyucunuzun dikkatini çekmek için bir saniye ayırın. Bu alanda kesinlikle bir uzmana başvurmalısınız.

(DAHA FAZLA BILGI VE kURSUMUZ iCiN:<u>TIKLA</u> -ÜCRETSiZ KiTABIMIZI ALDIKTAN SONRA KURSUMUZA KATILABiLiRSiNiZ)

Redaksiyon

Düzgün okuma akıcılığı, doğru dilbilgisi ve yazım yanı sıra doğru cümle tanımları, bir kitabı iyi ya da kötü bir kitap yapar. Bu nedenle, kitabın okunmasını sağlamak önemlidir. Kitabın düzenlenmesi bile önemli olabilir.

Biçimlendirme

İyi bir okuma akışı ancak metin iyi biçimlendirilmişse ve okuyucu metne tamamen batırılmışsa mümkündür.

Yükleme

Satışa geçmeden önceki son işlemlerden biri Amazon'a yükleme yapmak. Burada, önce kendinizi e- kitaba adadığınızı ve sonra da kitapçığı yüklediğinizi unutmayın.

Promosyon

Amazon bize promosyon / pazarlama yapmak için farklı olanaklar sunar. Sözde ücretsiz promosyon aşaması, işinizin sürdürülebilir başarısı söz konusu olduğunda en önemli bileşenlerden biridir.

Fiyatlandırma

Fiyatlandırma, stratejik öneme sahip olan bir başka faktördür. İlk bakışta, ciltsiz kitap veya e-kitap için ucuz bir fiyatın daha fazla satış için bir avantaj olduğu görünebilir. Ancak, durum böyle değil, en azından her durumda değil, çünkü çok iyi satan kitaplara genellikle daha yüksek fiyatlar verilir.

Bu kronoloji ve içindeki her bir nokta, iki yıldan fazla bir süredir deneyimle ve birkaç bin kişiyle çoktan karşılığını verdi. Eğer e-kitaplarla hızlı ve hedefli bir başarı istiyorsanız, bu adımı sadece yukarıda belirtildiği gibi adım adım uygulayın!

E-Kitabı Kendiniz Nasıl Yazabilirsiniz?

Bir e-kitabı kendiniz yazmak, özellikle de ilk e-kitabınızsa, çok fazla çalışma gerektirir. Aşağıda size kendi e-kitabınızı nasıl yazacağınızı adım adım göstermek istiyorum. Amaç, okuyucular için katma değeri olan bir e-kitap yazmaktır. Uzunluk küçük bir rol oynar. En önemli önkoşul, konuya tutkudur. İlk önce hedefinizi belirlemelisiniz. E-kitabınızla nereye gitmek istediğinizi ve ne zaman gelmek istediğinizi bilmeniz önemlidir. Sabit bir tarih ve son tarih belirleyin. Bunlara sahip değilseniz, geciktirme tehlikesi vardır. Tarihi çok erken planlamayın. Ardından hedef kitlenizi seçme göreviniz vardır.

Bunu yapmanın üç yolu vardır:

Hedef grubunun bir problemini ortadan kaldırın: Kendinize küçük ve özel bir problem belirtin ve çözümünü yazın.

Bir korkuyu yenmek: Korkmak insandır, ancak pek kimse korkularını kabul etmek istemez. Korkuları olan insanlara yardım edebilirsiniz.

Merak: Merak, en güçlü insan içgüdülerinden biridir. Mümkünse, iki veya üç yol deneyin. Örneğin: "Üç yıl içinde bir çevrimiçi şirketi nasıl yarattım (ve bunu nasıl yapabilirsiniz). Bu hem sorunu çözer hem de merak giderir.

Şunu her zaman hatırlayın, ilk izlenim için ikinci bir şans yoktur! Bu yüzden, sadece profesyonellik konusuna büyük önem vermeniz gerektiğini ve hiçbir koşulda tasarruf sağlayamayacağınızı söylemek istiyorum. Ondan sonra, son tasarımınızı yapma zamanı!

Aşağıdaki soruları gözden geçirin:

- E-kitabım diğer insanlara yardımcı oluyor mu?
- Seçilen kitleye hitap ediyor mu?
- Konumu iyi seçtim mi?
- Bir konu daha sık tartışıldı mı?
- Hala eksik bilgi var mı?
- Yapı hala iyileştirme ihtiyacı duyuyor mu?
- Dilbilgisi doğru mu?
- Yazım uygun mu?
- Bir yerde kelimeleri atladım mı?
- Düzen benim memnuniyetime göre tasarlandı mı?
- E-kitabı iyi buluyor muyum?

Bu soruları evet olarak cevaplayabilir misin? O zaman hedefine ulaştın.

Ghostwriter (Hayalet Yazar)

Elbette kendi kitabını yazmak zorunda değilsin. Bu iş için hayalet yazarlar var. Ghostwriters, metinlerinizi yazarak hayatlarını kazanan ve genellikle hayatlarının tadını çıkaran insanlardır. Bu insanlar, öğrenciler, emekliler, öğretmenler, avukatlar veya girişimciler olabilir. Zaten bir hayalet yazar olarak her türlü profesyonel grupla uğraşmak zorunda kaldım. Güzel olan şey, bu hayalet yazarların genellikle çok fazla yaşam deneyimi ve tamamen açık bir dünya görüşü olması. Bu yüzden onlarla konuşmak ya da farklı şeyleri tartışmak çok heyecan verici. Fikrinizi bulduysanız, size bir kitap yazmak için zaten hayalet yazar kiralayabilirsiniz. Benim tavsiyeme göre, en az 8.000 kelime içermelidir. - elbette, en üstte bir sınır yoktur - Bununla birlikte, insanların daha az zaman harcadıklarını ve problemlerinden en kısa zamanda kurtulmak istediklerini daima aklınızda bulundurun!

Hayalet Yazarları Nerede Bulabilirsin?

Ghostwriter'ları bulabileceğiniz birçok platform var. Diğer insanlarla ne zaman etkileşim kurarken, daima tonunuza dikkat edin. Özellikle, insanlarla çalışmak istiyorsanız (ve bunu kesinlikle hayalet yazarlarla yapmak istiyorsanız), kişilerarası etkileşim her şeyde karşınıza çıkacak! İletişimde açık ve kararlı olun. Metinlerini yazan birini bulmaya çalışmayın, onun yerine bir arkadaş edinin.

Hayalet yazar bulabileceğiniz platformlar:

https://www.bionluk.com[1]   https://www.textbroker.de[2]
https://www[3].parakazanmasiteleri[4].com[5]

http://www.fiverr.com[6]
https://www.dijitalalsat.com/[7]https://www.upwork.com[8]

Aşağıda bu platformlardan birine verebileceğiniz örnek bir ilan veya email yer

1. https://bionluk.com/bugun

2. https://www.textbroker.de/

3. http://www.internettenkurs.com/

4. http://www.internettenkurs.com/

5. http://www.internettenkurs.com/

6. http://www.fiverr.com/

7. http://www.dijitalalsat.com/

8. http://www.upwork.com/

alıyor:

Saygın, uzun vadeli, iyi ücretli bir iş mi arıyorsunuz?

Haftada 4-5 saat ile - boş zamanlarınızda - kendi sorumluluğunuzda - para kazanmak ister misiniz? Eğer istiyorsan, aradığım kişi sensin! Benim adım ... ve yemek tarifleri, sağlık, beslenme, kişilik gelişimi ve benzeri alanlar gibi konularda ya da herhangi bir konuda metin yazmak isteyen olumlu insanlar arıyorum. İlgileniyor musun? O zaman bana bir mesaj gönderin veya işbirliği için başvurun. Mesajınızı dört gözle bekliyorum!

Ghostwriters "sadece insan"dır ve onlarla arkadaşça ve açık konuşmanızdan mutludurlar. Eğer pazarlık aşamasındaysanız, o zaman yazar ile bir sözleşme yapmak en mantıklısıdır. Birçoğunuz metnin teslimi ile birlikte hakları yazılı olarak veriyorsunuz. Ancak, bu gerçekleşmezse, aşağıda sizin için bir örneğimiz var:

Ghostwriter ve Selfpublisher arasındaki iş sözleşmesi örneği:

Max Mustermann Musterstrasse 1 123456, 01 Ocak 1990
Konu: İş sözleşmesi

İş sözleşmesinin kabul edilmesiyle, yüklenici (hayalet yazar), isimlendirme haklarını, kullanım hakkını ve telif haklarını borçlu olarak kabul eder. Ayrıca, yüklenici, intihal veya ticari marka ihlali durumunda üçüncü şahısları tazmin etmeyi kabul eder.

Ghostwriter İşçi Emri (Ghostwriter'ın Adı) (Adınız)

Konularla İlgili Bilgileri Nereden Buluyorsunuz?

Kendi e-kitabınızı yazmak istiyorsanız, önce bir konuya ihtiyacınız vardır. Aklınıza gelebilecek ilk konuyu seçmek iyi bir fikir değildir, çünkü başarı konuya bağlıdır. İlk fikri kabul ederseniz, bir miktar potansiyel verirsiniz, çünkü konuyu sevmeniz, okuyucunun da aynı şeyi yaptığı anlamına gelmez. Sonuç olarak, e-kitabınız okunmuyor ve projede boşuna enerji harcıyorsunuz. Bu nedenle, mümkün olduğunca çok sayıda konuyu bir araya getirin. Ne kadar çok fikriniz varsa o kadar iyi.

Bu bölümde size bir konuyu en iyi nasıl bulacağınızı ve ardından konular için ilgili bilgiyi göstermek istiyoruz.

Uygun bir konu bulmak için aşağıdakileri yapabilirsiniz:

Beyin Fırtınası

Olası konular hakkında düşündüğünüz her şeyi yazın. Yardım için bir arkadaşınızı veya aile üyenizi aramaktan çekinmeyin.

Sorular

İnternet kullanıcılarından veya ziyaretçilerden gelen sorulara dikkat edin. E-kitabınız için harika fikirler bulabilirsiniz. Açık soruların olduğu yerlerde cevaplara ihtiyaç vardır.

Sorunlar

Diğer kişilerin sorunları, e-kitap konuları için bir "altın madeni" olarak kabul edilir. Etkilenenler bir çözümle ilgileniyor ve bunun için para ödemekle mutlular.

Dilekler

Konunuz için eşit derecede iyi bir kaynak dileklerdir.

Trendler

Mevcut trendler ve gelişmeler, e-kitap konuları için iyi bir ön şarttır.

İlgi

Kendi çıkarlarınızı da ihmal etmeyin. Bu da bir konuyla sonuçlanabilir.

Deneyimler

Kendi deneyimleriniz bir e-kitap için özellikle uygundur, çünkü kendi hikayenizi anlatabilirsiniz. İlk adımda, birçok e-kitap fikri toplamanız gerekir. Birçok acemi gibi hata yapmayın.

Uzmanlık Eksikliği

Birçok kişi çok az ilgili taraf bulmaktan korkuyor ve bu nedenle daha geniş bir konu alanı hakkında yazmayı tercih ediyor. Sonuç olarak, gerçekten kimseye ulaşmıyorlar, çünkü bilgiler genel olarak kalıyor ve özel bir şey sunulmuyor. Bu nedenle, daha özel konulara karar verin.

Kötü örneklere karşı bazı iyi örnekler:

Kötü: Bir web sitesi ile para kazanın.
İyi: Bağlı kuruluşlarla para kazanın.

Kötü: Kış için tatil ipuçları.
İyi: Berlin'de çocuklarla mükemmel tatiller.

Kötü: Kilo verme için ipuçları.
İyi: Kilo vermek için ipuçları.

Sonuç olarak, hedef kitle daha küçük olabilir, ancak bu genellikle daha iyi bir şekilde gerçekleştirilir ve e-kitabınız rekabetindekilere kıyasla daha fazla satılır. Konu tanımlandıktan sonra, konu hakkındaki bilgiyi araştırmak size kalmıştır. Burada farklı araçlar kullanabilirsiniz.

Bunlar:

Kütüphaneler: Fikrinize uygun kitap başlıkları bulmak için kütüphane kataloglarını kullanın. Daha sonra bunları kütüphanenizden ödünç alabilirsiniz.

Örnekler: Ortak Kütüphane Ağı Kataloğu, Alman Ulusal Kütüphanesi ve Worldcat.

Bunun yararı, dergiler gibi onların da güvenilir kaynaklar olmasıdır. Dezavantajı aramanın biraz zaman alması ve kitabın aradığınız bilgileri içerip içermediğini önceden bilmemenizdir.

Dergiler: Burada her konuda konferans raporları, denemeler ve makaleler bulacaksınız. Elektronik Dergiler Kütüphanesi (ECB), çeşitli disiplinlerden 55.000'den fazla çevrimiçi dergiye erişim sunmaktadır. Bazılarını ücretsiz ve çevrimiçi olarak okuyabilirsiniz. Bu makalelerin çoğunu kütüphanenizden de bulabilirsiniz. Buradaki avantaj, bilgilerin ve çalışmaların genellikle kitaplardakilerden daha güncel olmasıdır.

İnternet: Çevrimiçi arama yaparken her zaman "gelişmiş arama" alanını kullanın. Böylece sonuçları daraltabilirsiniz. Google, internet içeriğinin yalnızca % 10'unu getiriyor. Google'a ek olarak, her biri farklı avantaj ve dezavantajları olan birçok başka arama motoru vardır. Akademik düzeyde bilgi bulmak istiyorsanız, Google Akademik'te arama yapmak en iyisidir. Benzer şekilde, WorldWideScience.org, bilimsel metinleri bulma fırsatı sunar. Özel veritabanları, kağıtlar ve multimedya dosyaları da aratır. Kitapları tam metin olarak bulmak istiyorsanız, Google Kitaplar'ı kullanın.

Yaşasn size konu bloklarına göre sıralanmış sonuçlar verir.MetaGer bir meta arama motorudur.Burada diğer birçok arama motorunun veritabanını keşfedebilirsiniz. Hangi kaynakların aranması gerektiğini kendiniz seçebilirsiniz.Buzzsumo, hangi konuların FacEbook, Twitter ve diğer sosyal ağlarda sıklıkla paylaşıldığını öğrenmenizi sağlar. İnternette araştırmanın avantajı, bilginin alınma hızı ve çok fazla bilgi bulabilmenizdir. Dezavantajı, internet kaynaklarının genellikle daha az güvenilir olmasıdır. Ayrıca, hangi bilgilerin önemli ve hangilerinin önemsiz olduğunu seçme göreviniz de vardır.

Röportajlar: Konunuz için iyi olan kesinlikle doktorlar, polis memurları, tarihçiler vb. uzmanlardan gelen bilgilerdir. İlk önce iletişim bilgilerini toplayın. Onlara konunuz hakkında soru sorabilirsiniz. Bulunduğunuz yerdeki insanların yaşam kalitesini yakalamak istiyorsanız, komşularınızdan görüşme talep edebilirsiniz. Bunun için bir anket kullanın. Röportajı kaydedin ve kopyalayın, böylece tüm bilgilerin yazılı olmasını sağlayın.

Alternatif seçenekler: Kameranızı alın ve seyahate çıkın. Mekanın duygularını daha iyi anlamak için kendi resminizi yapmak en iyisidir. Ve aşağıdaki soruları cevaplayın:

Bu yer ne kadar doğru? Burası neye benziyor?

Hakim atmosfer nasıl bir his uyandırıyor?

Bulunduğunuz yerleri tanımlayın ve okuyucunuza doğru hissi verin. Ne tür bir bilgi kullanırsanız kullanın, lütfen internete kör bir şekilde güvenmeyin. Kritik kalın ve bilgilerin doğru olup olmadığını sorgulayın. Birden fazla kaynağın aynı bilgiyi sağlayıp sağlamadığına dikkat edin, o zaman gerçeğin olasılığı daha yüksektir. Forumlardan, bloglardan ve sohbetlerden kendi görüşleriniz yerine uzman literatürünü kullanmak her zaman en iyisidir.

Genel bir tavsiye olarak, kritik kalmanıza yardımcı olalım. Google'daki bir sayfa iyi giderse veya yasal bir üst düzey etki alanına sahipse, bu otomatik olarak sayfanın yasal bilgiler sağlayacağı anlamına gelmez. Örneğin, önemli bir medeni haklar aktivistinin ismini Google'dan çıkarır ve ilk 10 Google sonucundan birini tıklarsanız, bir .org sayfasına gidersiniz. Bunun meşru bir bilgi olduğunu varsaymanıza rağmen, künye, web sitesinin sahibinin ırkçı bir kuruluşa ait olduğunu ortaya koyuyor. Bu yüzden daima kritik kalın.

E-Kitap'ları Nerede Pazarlayabilirsiniz?

Kitap yapmak hiç bugünkü kadar kolay olmamıştı, ancak onlar için reklam vermek çok daha zor. Çevrimiçi ve çevrimdışı medya hakkında çok fazla seçenek var ve dikkat çekmeye çalışmak kesinlikle zor. Kitabınızı nihayet hazırladığınızda, lütfen kutlamak için biraz zaman ayırın ve yapılacak daha çok iş olduğunu unutmayın!

Pazarlama

E-kitabınızı olabildiğince herkese açık hale getirmek için biraz sabır, bir plan ve bazı yaratıcı fikirlere ihtiyacınız var. Seri son derece önemli olduğu için Amazon ile çalışıyoruz. E-kitapları yayınlamak için kullanabileceğiniz birkaç satıcı var, ama Amazon dünyanın en büyüğü. Bu yüzden doğrudan en büyük sağlayıcı ile çalışmak daha akıllıca, çünkü en potansiyel müşteriler burada.

Bu arada, e-kitaplara duyulan heves son yıllarda büyük ölçüde arttı ve satış rakamları fırladı. Sadece Türkiye'de , 2018'de 410.641.305 kitap satıldı!

İşte başlamanız için dokuz fikir:

\ Dijital Görünümünüzü Düzeltme

Kitabınızı tanıtmaya başlamadan önce, bir web sitesi, blog ve bazı sosyal ağ profillerine sahip olduğunuzdan emin olun.

FacEbook ve Twitter en popüler olanlarıdır, ancak bazı kitaplar için LinkedIn veya Pinterest daha uygun olabilir. İnsanlarla bağlantı kurmak için her gün belli bir zaman harcadığınızdan emin olun. Kariyerine ve markana yatırım yapmalısın. Bugün bu yatırım, yıl boyunca dijital pazarlama stratejisine sahip olmak anlamına geliyor.

\ Blog

Bloglamanın çok zaman aldığını ve müşterilerin çoğunun neden bunu yapmaları gerektiğini merak ettiklerini biliyorum. İlk sebep, web sitenize gelen trafiği artırmasıdır. İkincisi, okuyucular blogunuzu okuduğunda, kendinizi kendi alanınızda bir uzman olarak görmeniz veya çalışmanızın eğlenceli olmasıdır. Güven veya ilgi kurulduktan sonra, okuyucular sizden daha fazla içerik bekleyecektir - özellikle de ücretsiz olarak sunduğunuz değeri görürlerse.En iyi ve basit sayfa yapımı için size https://bit.ly/2ztTvkJ'e ederim.Bu sayfa size 1000 üzerinde hazır şablonları ve otomatik email yollama,video düzenleme,slayd yapma hatta onun üzerinde tolls ile sizin işinize yarayacak en iyi programdır.Kitaplarınızı yayınlamak için https://www.draft2digital.-[1] com/[2]ve www.dijitalalsat.com sitesine başvurabilirsiniz.

com

(DAHA FAZLA BILGI VE kURSUMUZ iCiN:TIKLA -ÜCRETSiZ KiTABIMIZI ALDIKTAN SONRA KURSUMUZA KATILABiLiRSiNiZ)

---

1. https://www.draft2digital.com/

2. https://www.draft2digital.com/

\ Yayın Tarihi Yayınlayın

Bir e-kitap yayınlayan birçok yazar ve şirket, kitabın kitapçı sayfalarında yayınlandığı günü yayın tarihi olarak kabul eder. Çok fazla reklam yapmadan önce indirmeleri aramaya başlayacaksınız.

Kitabınıza en iyi başlangıcı vermek için, kitabın başlamasından altı ila sekiz hafta sonra bir çıkış tarihi arayın.

\ İncelemeler Çok Önemlidir

Çevrimiçi (bloglar / web siteleri) ve çevrimdışı medyadan (gazeteler / dergiler) yorumlar almak için, "inceleme kopyalarını" göndermelisiniz. E-kitaplarla, kitabınızın bu PDF'lerini gönderebilir veya bazı kitap satıcıları tarafından sağlanan promosyon kodlarını verebilirsiniz.

\ Ücretsiz Olarak Verin

Okurları çekmek için kitabınızdan bir alıntıyı bırakmayı düşünebilirsiniz. E-kitabınızın içeriğine bağlı olarak, bir rehber listesi, eğlenceli bir test veya ikna edici bir çözüm stratejisi de verebilirsiniz. Ücretsiz bir şey vererek, içeriğinizin değerini gösteriyorsunuzdur. İnsanları kitabın tamamını satın almaya teşvik etmek için ücretsiz bölümünüze veya içeriğinize bazı öneriler ekleyin. Sunduğunuz ücretsiz içeriğin değerine sahip olduğundan ve yalnızca e-kitabınızın ne hakkında bir özeti olduğundan emin olun. Katma değer satın alma kararını anlaşılır hale getirir.

\ Coşku Yaratın

E-kitabınız için sosyal ağınızda konuşarak bir coşku yaratın. Markanızı nasıl oluşturacağınızı, ilginizi artıracağını ve Pinterest, FacEbook, Twitter ve LinkedIn'de aktif olmayı öğrenmek, e- kitabınızı pazarlamanın önemli bir parçası olacaktır. E-kitabınızdan birkaç hafta önce neyin özel olduğu hakkında konuşun ve insanlara, daha benzersiz içerik veya bir hediye sepeti gibi özel bir şey sunacağınız resmi bir e-kitap açılış partisine ev sahipliği yaptığınızı bildirin. İmzalı kopyalar, insanları ağınız hakkında heyecanlandırmanın sadece bir yolu.

\ Bir Video Yapın

İnsanlar YouTube'u seviyor. Ve insanlar harika içeriğin arkasındaki yazarları tanımaya bayılırlar. E- kitabınızın diğer insanlara nasıl yardımcı olabileceği hakkında kamera önünde konuşmak için kısa bir video yapın. E-kitabınızın videonuzdaki yararları hakkında konuşun ve videonuzun sonunda e- kitabınıza bağlanın. Videonuzu, YouTube kanalınızda FacEbook, LinkedIn'deki bir yayınla paylaşın ve bağlantıyı tweet atın. Video URL'nizle birlikte yayınladığınız içeriği değiştirerek videonuzu art arda bir pazarlama aracı olarak kullanabilirsiniz.

\ Açılır Pencereyi Tıklayın

Web sitesi açılır pencereleri, e-kitaplar da dahil olmak üzere, web sitenizdeki ve blogunuzdaki her türlü içeriği tanıtmak için kullanılabilir. Çıkışta potansiyel müşterileri yakalamak, varışta onları almak için giriş pop-up'ları veya sayfaya göz atarken ve aşağıya okurken kaydırma veya zamanlanmış bir açılır pencere kullanabilirsiniz. Bu pop-up'ların her biri harika bir tanıtım tekniğidir, ancak e-kitaplar için en sevdiğimiz pop-up'lar, açılan pencereleridir. Bir ziyaretçi belirli bir bağlantıya, resme veya kelimeye tıkladığında bir tıklama açılır penceresi etkinleştirilir. Tıklama pencerelerini blog yazılarınızın en üstüne veya en altına, blogunuzun kenar çubuğuna ve sitenizdeki çeşitli sayfalara yerleştirin.

\ Misafir Yazıları

İçeriği yazmak ve diğer bloglara katkıda bulunmak, e-kitabınızı tanıtmanın az kullanılmış bir başka yöntemidir. Pek çok insan ismini internette konuk afişi olarak yayma fırsatını bilmiyor. Hedef pazarınızı hedefleyen diğer bloglara veya web sitelerine ulaşın. E-kitabınızı tanıtmak için benzer nitelikte bir blog konusu seçin. Makalenizde, özetinizde veya yazar biyografinizde, e-kitabınızı indirip okuyarak okuyucuların konuyla ilgili daha fazla bilgi edinmesini önerebilirsiniz. Pazarlama kitapları, bugün kolay bir iş değildir. Zaman, uzmanlık, yaratıcılık, esneklik ve sabır ister. Temel kural, kitabınızı yazmanız gerektiği sürece tanıtmayı planlamanız gerektiğidir.

Tüm fikirler sizin için çalışmayacak ve tüm fikirler satış üretmeyecek, ancak uzun vadeli bir stratejiye sadık kalırsanız, okuyucularınızla her şeyden daha önemli olan bir ilişki kuracaksınız.

Karlı Nişler

E-kitaplar yazarak para kazanmak ister misiniz? O zaman e-kitabınız için nasıl karlı nişler bulacağınızı ve pasif bir gelir elde edeceğinizi göstermek istiyorum. Pasif gelir aslında kendi başına mevcut değil. Sonunda bir geri dönüş elde etmek için her zaman bir işlem yapılması gerektiği söylenmelidir. Buna halk arasında pasif gelir denir. Noktaları doğru ayarlayarak satış olasılığını arttırın. Bu kazançlı bir niş bulma içerir. Niş bulma veya niş analizi farklı şekillerde

yapılabilir. Nişleri manuel olarak arayabilir ve aşağıda açıklandığı gibi Amazon içerisinde gezinebilir veya kolay yöntemi seçebilir ve ustaca bir araç elde edebilirsiniz. Temel olarak, pek çok farklı araç satın alma taraftarı değilim, ancak KDSPY e-kitap işinde esastır.Bu tool , Amazon'da ekitapları bulur ve size ne kadar kazançlar sağladığını gösterir.

KDSPY'yi bu adres üzerinden satın alabilirsiniz: https://www.draft2digital.com/

Bu araç 48 $ 'a mal oluyor ve her bir kuruşa değer, çünkü sadece niş analizini kolaylaştırmıyor. E- kitap işiyle başladığımda, böyle bir yardım almadım ve bir saate kadar iyi bir niş aradım. Ardından aklım anahtar kelimelere ve başlıklara gitti ve bir saatten fazla zaman geçti. Nişin benim için karlı olup olmadığından bile emin olamadım. Yayıncı veya niş içinde birkaç yüz gözden geçirme içeren kitap gibi unsurlar, burada satış yapmanın gerçekçi bir yolunun bulunmadığından emin olabilir. Ek olarak, KDSPY çok değerlidir, çünkü aynı zamanda "Wordcloud" denilen en iyi anahtar kelimeleri size verir.

Konunuzla ilgili rahat hissetmeniz zorunludur, çünkü bir süre onunla ilgileneceksiniz. Kimya, fizik veya matematik hakkında bir e-kitap yazmak zorunda kalsaydım, iki gün sonra yazmaya devam etmeyecektim. Kârlı bir yer bulmak için en çok satanlar listesine bakın. Hemen ilginizi çeken herhangi bir konu var mı? En iyi satıcılar arasında dolaşın veya farklı değerlendirme listelerinde kısıtlamalar yapın. Popüler olanlar genellikle diyet, para, ilişki ve sağlıkla ilgili e-kitaplardır.

Sonra dükkan size anahtar kelime kombinasyonlarını gösterecek. Bazılarını kontrol edin ve ne kadar e-kitap görüntülediğinizi görün. Mesela ilk 100'de yoga rehberi göründüğünde, konu ilginç göründüğü için benzer anahtar kelimeler için dükkanı arayın.

İşte nasıl karşılaştırabileceğinize bir örnek: Bir hemşire olduğunuzu ve bir hastalık hakkında e- kitap yazmak istediğinizi düşünün. Örneğin, grip hakkında yazmak istiyorsunuz, çünkü birçok insan yılda birkaç kez etkilenir. Eğer Kindle terim kategorisinde arama yaparsanız, Amazon'da 53 sonuç görünür ve bu mükemmel bir sonuçtur. Sadece 53 olası rakibiniz vardır. Şans rehberi hakkında yazıyorsanız, 2.660 rakiple uğraşıyorsunuzdur. O zaman e-kitaplara bakın.

Grip danışmanı bağlamında kendinize aşağıdaki soruları sorun:

Diğer yazarlar ne kadar değerlendirme aldı?

Pek çok insan incelemelere dikkat ediyor. Sayı beşten yüksekse, ilk işinizle buraya ulaşmak neredeyse imkansızdır. Çok sayıda e-kitap yazarsanız, bir ağınız var ve incelemeleri daha hızlı alıyorsunuz, ancak başlangıçta bu zor.

Ücreti ne kadar?

Kendini yayınlayan bir yazarsanız, en fazla üç ila dört avroluk bir ücret talep etmelisiniz. Fiyat için çok az sayıda e-kitap varsa veya diğerleri daha pahalıysa, bu sizin için olumlu bir sonuç olabilir.

Liyakatiniz, her biri yaklaşık 2,30 € 'dan 3,99 €' luk bir satış fiyatı.

E-kitaplar kaç sayfa içeriyor?

Sayfa numaranızı rakiplerinize göre ayarladığınızdan emin olun. Eğer daha az sayfa yazıyorsanız, daha düşük bir fiyat teklif edin. Gereksiz içerikle e-kitabınızı seyreltmeyin. Okuyucular bunu fark edecek ve olumsuz bir not bırakacaktır. Nişe bağlı olarak, sadece birkaç sayfa ile büyük başarı elde etmek mümkündür.

Çok satanlar listesindeki e-kitapların sırası nedir?

Çalışma ilk 1000 ürün arasındaysa, e-kitabın satışı çok iyi olarak kabul edilir. Bunun e-kitabınız üzerinde olumlu bir etkisi olabilir. E-kitaplar 10.000'in altındaysa, niş iyi gitmiyordur veya yazılı e- kitaplar kötüdür. İncelemelere bakın ve eleştirileri not edin. Okuyucuları rahatsız eden ne varsa, bu eksiklikleri kitabınızla farklı şekilde düzeltebilirsiniz. Diğer yazarların e-kitaplarını yukarıdaki noktalar için inceleyin ve sonuçları not edin. Tüm ipuçları dikkate alındığında başarı garantisi olmasa da, kârlı bir nişin olasılığı yine de artar.

Kendini iyi hazırladığından emin ol. Hedefinizi daima aklınızda tutun ve dayanıklılığınızı koruyun. O zaman yakında ilk başarıları getiren bir niş bulacaksınız. Unutmayın, birkaç yayıncı Amanda Hocking'un romanlarını basmayı reddettiğinde, yayıncılığı kendi ellerine aldı ve 8 milyondan fazla kopya satarak kendi e-kitabını yayınladı. Bunu da yapabilirsin! E-kitapların yazarı olmak istiyorsanız, aşağıdaki kategorilerin genellikle karlı nişler olduğunu unutmayın!

Rehberler

Dünyanın her yerinden insanlar sorunlarını çözmekle ilgileniyorlar. Elbette siz de deneyimleriniz nedeniyle birilerine yardım edebilirsiniz.

Yemek Yapma ve Keyfini Çıkarma

Bu kategori, vejetaryen ve vegan mutfağı, çok çeşitli tarif kitapları, özel beslenme planları, yiyecek trendleri, yemek kitapları, farklı diyetler için rehberler ve rehberler, uzmanlar veya eğlence bölgeleri vb. içerir. Bütün tarif ve pişirme alanının en iyi kısmı tariflerin çoğunluğu için yasal olarak bir zorluk bulunmamasıdır. Wiener Schnitzel gibi tarifler tüm dünyada aynı şekilde hazırlanmaktadır. Tabii ki tarif defterlerinde de neredeyse tamamen aynı şekilde ifade ediliyor.

İş ve Kariyer

Kariyer, kişilik, zaman yönetimi ve kişisel organizasyon ile ilgili her şey bu kategorinin içersinde. İnsanlar yaşamlarını ve zamanlarını iyileştirmek, kendilerini geliştirmek ve kariyer yapmak için çabalıyorlar. Ayrıca, birçok insan kendi arayışlarında ve dolayısıyla ruhsal ve hatta ezoterik konular için çok açıktır. Her durumda, bu iki alt kategoriyi buraya dahil etmek istiyorum.

Borsa ve Para

Burada yazarlar insanların paralarını nasıl değerlendirdiklerini, borsaya yatırmalarını ya da borçlarından nasıl kurtulabilecekleri hakkında yazıyorlar. Son yıllarda, olasılıklar burada kriptik para birimleri ve Daytrading sistemleri yönünde son derece genişledi. Bu, pek çok literatürün ortaya çıkması temelinde neredeyse kendi ekonomik bir faktörü haline geldi.

Spor ve Zindelik

Bu kategoride yazarlar, vücudun şeklini almak için ipuçları verir. Burada kendinizi kas geliştirme gibi çeşitli alt kategorilere yerleştirebilirsiniz.

Hobi

Örneğin pulları çok seviyorsun ve biriktirmekten hoşlanıyorsun. Merak etme buna kimse gülmez. Göz kürem gibi koruduğum bir eski koleksiyonum var. Ama bunun sadece bir hobi olduğunun farkındayım diyorsan veya çok özel posta pulu konularıyla ilgilenen iyi filatelistleri tanıyorum diyorsan bu konuda yazmaya ve koleksiyonunu insanlarla paylaşmaya başlayabilirsin. Hobiler için neredeyse hiç forum yok. Bu yüzden genellikle sorulan ve cevabı birçok yerde aranan bazı sorular vardır. İyi pullar nerede bulunur? Pulları doğru şekilde nasıl saklayabilirim? Pullarım hangi fiyata ulaşabilir? ve benzeri sorular. Neredeyse her insanın bir hobisi vardır. Bunun için mutlaka bir kulübe katılmanız ve düzenli olarak aktif olmanız gerekmez. Temel olarak sadece kendiniz için yaptığınız bir şey. Bir geocacher ve yeni başlayanlar için ipuçları var mı? Büyük balıkları sudan çekmiş bir balıkçı mısınız? Yoksa iyi veya orta sınıfta golf oynuyor ve yeni başlayanlara davranış ipuçları mı vermek istiyorsunuz? Buradaki aralık sınırsız. Doğum günü kartı yapan molozdan sebze yaması yapımı veya yeni başlayanlar için kağıt uçaklar... Bu örneklerle her konunun gerçekten yazılmaya değer olduğunu açıkça belirtmek istiyorum. Çünkü her konunun belirli oranlarda meraklıları var dünya üzerinde. Şimdi yine de kimsenin umrunda değil diye düşünüyorsanız, yanılıyorsunuz! Çağımızda tuhaf düşünceler, ilginç bilgiler ciddi anlamda rağbet görmektedir.

Mesela benim koi yetiştiriciliğinin sırlarını başarıyla yazan bir arkadaşım var(bu balıkları biliyorsunuzdur diye düşünüyorum). Evet, çok iyi satan ve bir mağazaya Koizucht makalelerini bağlayan bir video kursu bile var. Bu tuhaf hobinin ne kadar iyi satılabileceğini hiç düşünmedim. Başka bir arkadaşım da itfaiyeci. Tam zamanlı. Bir hobi olarak, arabaları inceliyor. Bu konuda ustaca bir iş geliştirdi kendisine. İkinci el araçlara tavsiyelerde bulunuyor, müşteriler ve satıcılar arasında bağlantı kurar ve eski araçlardan kalan araba parçalarını satar. İtfaiye işinde kazandığı paradan daha fazlasını kazanması gerekiyor diyemem. Ama kendi hobileriniz hakkında bir şeyler yazmak çok ilginç karşılanıyor. Ve hobilerinizden para kazanmak hoşunuza da gidecektir mutlaka.

Hayvanlar

Özel bir hobi. Almanya, en çok evcil hayvana sahip ülkelerden birisidir. Her iki hanede en az bir evcil hayvan bulunmaktadır. Bu çok ciddi bir istatistiktir. Alışveriş yaparken mutlaka evcil hayvan yemi veya hayvan aksesuarları ile karşılaşıyorsunuzdur. Kediler, köpekler, kemirgenler, kuşlar birçok insan tarafından çok sevilir. Hayvanlarla ilgili özel deneyimleriniz var mı? Kediler için alternatif tedavi yöntemleri biliyor musunuz? Köpeğinizi başarıyla eğittiniz mi? Yoksa muhabbet kuşu yetiştirmeyi biliyor musunuz? Evcil hayvanlarınızı bazı fotoğraflarıyla birlikte yazıya dökmeniz daha çok ilgi çekecektir. Çünkü daha önce de dediğim gibi insanlar görselliğe önem verir. Sayfalar arasında gezinirken birkaç fotoğraf görmeleri onları pozitif anlamda etkileyecektir. Bu kategoride çok fazla alan var ve büyük gelişme potansiyeli sunuyor. Siz de hala tecrübelerinizi kimse yazmadan insanlarla paylaşabilir ve bir yandan da para kazanabilirsiniz. Hangi evcil hayvanlara sahipsiniz veya evcil hayvan besliyor musunuz? Hayvanlarınızın fotoğraflarını çekin. İyi bir hikaye için çevrenizden fikirler toplayın. Birisi böyle bir evcil hayvanı almak isteyenlere hangi soruları sorar? Evcil hayvanlar hakkında bilgi sahibiyseniz zaten iyi bir e-kitap yazabilecek potansiyele sahipsinizdir.

Bahçe ve Bitkiler

Bu da en az hayvanlar kadar özel bir ilgi alanıdır. Kendi bahçesini oluşturmak eminim ki birçok insanın hayalidir. Bu tam anlamıyla bir özgürlük, rahatlama, sağlık ve barışı birbirine bağlar. Hiç dikey bahçe diye bir şey duydun mu? Bu son zamanlarda ABD'de büyük rağbet gören bir sistem. Bahçe için yeterince yer olmadığında dikey bir yatak kurularak böyle bir bahçe oluşturulabiliyor. Bence çok harika bir sistem. Ayrıca hiçbir yerde bununla ilgili bir Türkçe kitabı bulamadım. Bitkisel bir spiralin nasıl yapılacağını biliyor musunuz? Otsuz yatakların sırrını biliyor musunuzu? Ya da her zaman salatalarla uğraşan sümüklü böceklerden nasıl kurtulabilirim. Bunun gibi daha birçok şey hakkında bilginiz varsa yazılar yazabilirsiniz. İlgi

alanınızla ilgili olarak size bir alt başlık da bitkiler olacaktır. İç mekan bitkileri ile günlük hayatınıza hoş dokunuşlar yapabilirsiniz.Yeşil görünümler her zaman temiz bir hava yaratır. Ancak odadaki saksı toprağının küflenmemesini nasıl sağlayabilirim? Sinir bozucu yaprak bitlerini nasıl temizlerim? En beğenilen bitkileri evde nasıl yetiştirebilirim? Bu temada okuyucu bulmanız son derece kolay. Çünkü büyük bir çoğunluk bitkileri çok seviyor ve bu konuda bilgilenmek istiyor.

Kurslarımıza katılmak için link üzerinden ücretsiz kitabımızı indirin ve elemanlarımızlarımızdan ders almaya başlayınhttps://bit.ly/2VMMsfd

Bilgisayarlar ve İnternet

Burada yazarlar, özel cihazlarla ilgili talimatlar satmaktadır. İlk başlarda gözlerime inanamadım, ancak insanlar TV'nin nasıl düzgün şekilde monte edileceğine ilişkin talimatlar bile arıyor.

Eğlence

Bu kategoride okuyucular, şaka kitapları veya futbolcu sözleri için ipuçları bulabilirler. Bu kategorilerden birini seçerseniz, e-kitabınızın birçok kişi tarafından okunması ihtimali vardır. Daha önce de belirtildiği gibi, ilgili nişlerde daha küçük şirketler var. Bu firmalarda genellikle daha az rekabet vardır ve kitabınız kolayca en çok satan veya daha iyi bir satış perdesi haline gelebilir.

Gerçekten yüksek verim elde etmek için, birkaç e-kitap yazmanız önerilir.

Önemli Bilgi!

Şöyle düşünün: 15 e-kitap yazın ve her birini 2,99 ABD doları karşılığında satın. Günde on kez satılırsa, günde yaklaşık 300 Euro kazanırsınız. Bu ayda 9,000 euro olurdu. Bunun için en çok satanlara bile ihtiyacınız yok. Sadece ilk 1000'e kadar sayısız eser yerleştirmeyi başarabilmelisin.

Aşağıda açıklanan stratejileri kullanın.

Niş yazın: Kitabınız ilk 1000'de kalması için, gerilim / suç, mizah veya fantazi türlerinde yazmamanız gerekir, çünkü bu konularda çok fazla ürün listelenmiştir. Bir problem çözme ile ilgilenen bir yazılar yazın.

Hızlı yaz: Kitabınızın en çok satanlar olacağını ummayın. Bir kitap en üste gelene kadar, iyi şans ve sabır gerekir. Bir e-kitabı, bir ila iki ay içinde bitirin. E-kitabınız 300 sayfaya ihtiyaç duymuyor, 100 sayfa yeterli.

Başkalarından size yardım etmelerini isteyin: Muhtemelen iyi yazabilirsiniz. Düzenleme, tasarım ve paftalarda çok mu iyisin? Bir çoğu değil. Profesyonel bir kapak, prova metni ve teknik olarak hatasız bir e-kitaba ihtiyacınız var. Bu görevleri yerine getirmiyorsanız, bunları uzmanlara teslim edebilirsiniz. Bir teminat 15-20 avroya mal oluyor, prova okuması 1000 kelime başına 2 avro alıyor. Bu nedenle toplam yatırım 400 avronun altında olacaktır.

E-Kitabınızı Nasıl Satabilirsiniz?

E-kitabınızla para kazanmak için birkaç seçeneğiniz var. Örneğin, çeşitli platformlarda satabilirsiniz.

Aşağıdakiler seçim için uygun:

https://www.draft2digital.com/, www.dijitalalsat.com[1],[2]BOD, Ebozon, XinXii, ePubli, Amazon Kindle Mağazası.

(DAHA FAZLA BILGI VE KURSUMUZ iCiN:<u>TIKLA</u> -ÜCRETSiZ KiTABIMIZI ALDIKTAN SONRA KURSUMUZA KATILABiLiRSiNiZ)

Alternatif olarak, e-kitabınızı kendiniz de satabilirsiniz. Üçüncü bir tarafa başvurmak istemiyorsanız, e-kitaplarınızı kendiniz satabilirsiniz. Bununla birlikte, bu durumda, diğer değişkenden daha fazla çaba harcamaktasınız.Bunun için sayfayıda kolayca Builderall.com[3] programı ile yapabilirsiniz.

Bir yandan satış ücretinden tasarruf edersiniz, yani % 30 yerine satış fiyatının % 100'ü size ödenir. Ayrıca, satış

---

1. http://www.dijitalalsat.com/

2. http://www.dijitalalsat.com/

3. https://bit.ly/2ztTvkJ

sürecini tamamen kontrol edebilir ve değişiklikleri hızlıca uygulayabilirsiniz. Aynı şekilde, izleme ve satış süreci değişiklikleri bağımsız olarak uygulanabildiğinden optimizasyon daha kolaydır. Bununla birlikte, teknolojinin kendisi benimsenmelidir, sorun olması durumunda hızlı tepki vermelisiniz ve optimizasyon için bilgi birikimine ihtiyacınız var. Yönetimi de unutmayın. Satış vergisinin iadeleri, faturalandırılması ve raporlanması için kendinize destek olmanız gerekir. Bu çaba genellikle hafife alınmaktadır. Ayrıca, kendi dükkanınızı işletmek ve

değişikliklerin uygulanmasını sağlamak istiyorsanız yasal gerekliliklerle uğraşmak zorundasınız. E- kitabınızı satış için araçsız kendi ana sayfanızda sunma seçeneğiniz vardır. Tek ihtiyacınız olan bir PayPal butonu ve iptal politikasına uygun bir onay kutusu. Çok fazla para harcamak zorunda kalmadan e-kitaplarınızı hızlı ve kolay bir şekilde satmanıza olanak tanır. WordPress kullanıyorsanız, mağaza eklentilerini seçebilirsiniz. Bu değişkenleri tercih ederseniz, tüm trafiğinizi oluşturmalısınız, ancak yukarıda belirtilen platformlar kendileri üretecektir.

Paperback'ler yani normal Kitaplar

Paperback'ler mutlak satış çarpanıdır ve işinizi yönlendirir. Zaten bir e-kitap yayınladıysanız, metniniz vardır ve elbette metninizle daha fazlasını yapabilirsiniz. Paperback'ler için harika bir örtünüz olması ve dokunuşta iyi olması önemlidir. Bu, en az 10.000 kelime olduğu anlamına gelir. Ciltsiz kitaplar şu anda e-kitap olarak talep görüyor ve pazarda daha fazla paraya mal oldukları için kesinlikle size daha fazla satış getirecek.Ciltsizlikler çoğu durumda e-kitaplardan daha maliyetlidir. Amazon satış kitaplarının en büyük avantajı, muhtemelen onları evde stoklamak için önceden büyük miktarlarda kitap satın almak zorunda kalmamanız ya da baskı ve nakliye ile ilgili hiçbir şey yapmanıza gerek kalmamasıdır. Başlangıçta, bu benim en büyük korkumdu.

Bugün size kitaplarınızı Amazon'a siyah beyaz yüklediğinizden emin olmak zorunda olduğunuzu söyleyebilirim. Farklı olasılıklar için bir kez aldığımız bir metni kullanabilmek büyüleyici ve son derece havalı. Paperback için kullandığınız metni, daha önce e-kitap olarak çıkarmıştınız. Yalnızca kitap kapaklarının biçimlendirmesi e-kitaplardan biraz farklıdır. Dikkat etmeniz gerekenler, resimler. Şimdi kendinize bununla ne demek istediğimi sorabilirsiniz. Kitabınıza resim eklerseniz, otomatik olarak daha yüksek üretim maliyetlerine sahip olursunuz. Resimleri bırakmanı tavsiye ederim, çünkü çok daha iyi ve daha ilginç olanaklar var! Satış başına 2,99 Dolar e-kitaplarınız varsa, bir karton kapaklı kitap genellikle 9,99 Dolar civarındadır. Yani aynı çabayla çantada daha çok var. Ciltsiz kitaplar için metne ve kapağa ek olarak teaser denilen kitapların arkasındaki yerini belirten bir kitap açıklaması gerekir. Teaser, kitabın arkasında görülebilen, kitabın açıklaması ve özetidir. Bu size kitabın potansiyel okuyucusunu ikna etme imkanı sunar. Metni, kitabı çok daha iyi satan bir hikaye olarak anlatmaya çalışın.

Potansiyel

E-kitap işine başlamadan önce elbette piyasayı analiz ettim ve burada yeterince potansiyel olup olmadığını kendime sordum. Şimdi kendinize ve kitaplarınız için yeterli potansiyel olup olmadığını sorarsanız, size çok net bir şekilde söyleyebilirim, EVET!

E-kitabınızla para kazanmak istiyorsanız, aşağıdaki hatalardan kaçınmanız gerekir:

Yanlış konu: Rastgele bir konu seçmeyin. Bu konu hakkında bir fikrinizin olduğundan ve bununla ilgilendiğinizden emin olun.

Talep Yok: E-kitabınız için hedef kitle olduğundan emin olun. İlgili tarafların sayısı yeterince büyük olmalıdır. Sorunlar en iyisidir.

Planlama eksikliği: Çok hızlı yazmaya başlamayın, önce planlayın. Aksi taktirde hızla kaybedeceksiniz ve e-kitabınızın net bir yapısı yok.

Verimlilik eksikliği: Başlangıçta çoğu insanın motivasyonu çok fazla. Ancak, bu genellikle hızlı bir şekilde geriler, çünkü e-kitap yazma çok fazla çalışmayla ilişkilidir. Bu nedenle, randevular ile ara hedefler belirleyin.

Yedek eksiği: Düzenli yedeklemeler gerçekleştirin, böylece belgeniz yalnızca mevcut belgenizi yanlışlıkla sildiğiniz için zorlu çalışmalardan sonra bulunmayacak. Biraz daha büyük olan her değişiklikten sonra yapmak en iyisidir. Her zaman aynı belgede çalışmayın.

Okunabilirlik eksikliği: E-kitap yazarken, ayrılıklar meydana gelebilir. O zaman okuyucunun ilgisini çekmelisin. Buna direnmeye çalış ve ana çizgiye uy.

Kötü mizanpaj: Biçimlendirmenin tek biçimliliğine dikkat edin. Aksi takdirde, okuyucu izini kaybeder ve bir karışıklık duygusu alır.

Kalite eksikliği: E-kitabın yazım hataları ve benzeri şeyler içermediğinden emin olun, böylece kaliteden zarar gelmez, aksi halde olumsuz yorumlar olabilir ve e-kitap artık satın alınmaz.

Kayıp satıcı düşünme: Başarılı olmak için bir yazar gibi değil bir satıcı gibi düşünmelisiniz. E- kitabınız iyi bir unvan ve profesyonel bir kapak gerektirir. Ayrıca, özellikle çevrimiçi olarak pazarlamaya dikkat etmeniz gerekiyor. Aksi takdirde, potansiyel alıcılar e-kitabınız hakkında bilgi sahibi olamaz. E-kitabınız bilinmelidir.

Her proje farklı olduğundan hataları önlemek için, mümkün olmayacaktır. Denge bulmak için dikkatli olmak gerekir. Hatalar bir öğrenme şeklidir ve seni daha iyi bir e-kitap yazarı ve satıcı haline gelecektir. Küçük başlayın. En fazla 80 ila 100 sayfalık yazılabilecek belirli bir konu seçin. Benim için kişisel algı kalitesi, her şeyden önce olması gereken en önemli noktadır. Gerçekten kalıcı ve istikrarlı bir gelir elde etmek için, bir hayran kitlesi oluşturmak çok önemlidir. Bir hayran kitlesi ve memnun müşteri alfa ve omegayı temsil eder.

1 - Kitlenizi Bilin!

Başarılı bir öz yayıncı olarak kitlenizi belirleyin. İlk bakışta bu zor olabilir ve belki de bu durum size yapamam his verir ve yapmak için teşvik isteyebilirsiniz. Fakat o kadar kötü olmadığını zamanla fark edeceksiniz ve hatta bunu eğlenceli bulacaksınız. Hedef grubu, sizin için son derece önemli avantajlara sahiptir. Siz müşterilerin dilinde konuşursanız, o zaman onların sizi daha kolay anlayacağını göreceksiniz. Hedef kitleniz hakkında daha fazla bilgiyi nereden edinebilirsiniz?

Bunun için Google'da doğru araştırmaları yapabilirsin. Google'da konunuzun anahtar kelimelerini aratarak ilgili konudaki okuyucuların neleri merak ettiğiiz öğrenebilirsiniz. Bunlar, yazmanız gereken ilk anahtar kelimeleriniz. Anahtar kelimelerinizi oluşturduktan sonra kitabınızı Amazon'da paylaştığınızda hangi arama sonuçarında kitabınızın gösterileceğini aşağı yukarı belirleyebilirsiniz. Özellikle konunuzla ilgili blogları ve forumları iyice inceleyin. Burada insanların neyi merak ettiklerini direkt olarak öğrenebileceksiniz. Tipik sorulara bakın, insanların forumda ne gibi sorunları var?

Bu soruları bir yere not edin. Bunlardan bahsetmeniz gerektiğini bilin. Çözümleri bulabilirseniz, bunları da yazın. Hedef kitlenizin türlerini tanıyor musunuz? Daha çok küçük çocuklu anneler veya tahtadan araç gereçler inşa etmeyi seven büyükbabaları mı var? Hedef kitlenizin imajı ne kadar net olursa, kitabınızı o kadar iyi yazabilirsiniz. Çünkü ideal hedef kişinizin bir resmi oluşmuş olacak.

Size de sadece gerekli bilgileri girmek kalacak. Konunuza tam anlamıyla hakim olun. Konu hakkında ne kadar çok şey okursanız o kadar çok şey bilirsiniz. Ancak, konuya yeni başlamış olmanız idealdir. Çünkü bu durumda insanların soracağı soruları siz de araştırırken soracaksınız. Kendini cevapları arayan kişilerin yerine koyabilirsin. Bu senin avantajına bir şey olacaktır. Bir konu hakkında daha öncesinde bir şeyler yazdıysanız tekrar yazmaktan çekinmeyin. Bu kitaplardan biri yeni başlayanlar için diğeri de konuyu daha ayrıntılı ele alan ayrıntılı bir anlatımla oluşturulabilir. Konunuz hakkında en az 3 kitap okuyun. Bunlar kütüphaneden ya da satın alınan kitaplar olabilir veya e-kitaplar olabilir. Konuya düzenli olarak katkıda bulunan 2-3 blog'u takip edin. Forumlarda birkaç gün zaman geçirin. Hangi güncel sorular var? Sizi aşağıdaki gibi tanımlayan notlar alın. Size yardımcı olacak bir dikte cihazı kullanın; bu sözcükleri daha sonra dinleyebilir ve kopyalayabilirsiniz. Konunuz, soru ve sorunların ötesinde hangi yönleri okuyucuya sunuyor? Konu son zamanlarda alakalı oldu mu veya son birkaç yıl içinde gelişti mi? Konuya ne yol açar? Ne demek istediğimi anlatabiliyorumdur umarım.

2 - Kalite & Değer

İnsanların sadece para kazanmak için herhangi bir kitap üretmesine dikkat edin. Burada, her zaman kitaba müşteri açısından bakmak gerekir. Okuyucunun hayatında bir şeyler değiştirmek istiyor musunuz? Okuyucunun ödediği para karşılığını alıyor mu? Bu sorular sürekli sizin yoldaşınız olacaktır.

Bu noktada, sorumluluğun kendi kendini yayınlayan kişiye ait olduğu açıkça belirtilmelidir, ancak profesyonel ve önceden test edilmiş hayalet yazarların yardımıyla, en azından çok iyi kalitede üretim yapmak nispeten kolay olacaktır. Birinin ya da diğerinin bu kitaplardan kesinlikle şikayet edecek bir şeyleri olacak, ancak bunlar çoğu zaman ne yaparlarsa yapsınlar, yaşamları hakkında zaten şikayet edecek bir şeyleri olan insanlardır. Belki bu tür insanları kendiniz de tanıyorsunuz, onları memnun edemezsiniz.

E-kitap kalite kontrol listesine bir göz atalım:

Daha önce detaylı bir şekilde tartıştığımız metindeki nişler ve kalite, hakkındaki kalan noktalara bakalım.

Bir sonraki önemli nokta ise kapakla ilgilenmek. Burada, insanlarda duygulara neden olmanız veya polarize olmanız önemlidir. Bu iki özellik, kapağı ve dolayısıyla kitabınızı gerçekten ilginç kılmaktadır. Bunun nedeni nispeten basittir, çünkü insanlar duyguları sever ve tahrik edildiklerinde bir şeyler hissederler. Bir deyiş vardır, biliyorsunuzdur belki: "İlk izlenim için ikinci bir şans yok!" Bu tam olarak doğru, çünkü şu anda içinde bulunduğumuz andan başka şansımız yok.

Bir sonraki önemli nokta olarak, anahtar kelimeler hakkında konuşmalıyız.Anahtar kelimeler, kitabınızı bulmak için kullanılır. Tek tek anahtar kelimeler ararlar. Örneğin, birisi tükenmişse, depresyon, tükenmişlik, gerginlik, stres vb. gibi kelimeler arar.

Listemizdeki son noktada favori konularımdan birisi olan pazarlamadan söz ediyoruz. Pazarlama, kitaplarınızın satış yapıp yapmamasını veya çatıdan geçip geçmeyeceğini belirleyen belirleyici faktördür. Burada çok doğru şeyler yapabilirsin ama eşit derecede yanlış da yapabilirsin. Amazon ile dünyanın muhtemelen en büyük ortağı olduğunuzu her zaman aklınızda bulundurmanız önemlidir. Dünya çapındaki satışlardan sadece bir tık uzaktasınız ve bu dev platformdan parmaklarınızın ucunda para kazanabilirsiniz. İnternetten pazarlama ve para kazanmayla çok haşır neşir olduğum için, asla bu kadar mükemmel bir seçenek bulamadım. Pazarlama ile ilgili olarak neredeyse sınırsız olanaklara sahipsiniz ve Amazon ile işbirliğinden geçerek çok çeşitli imkanlar elde ediyorsunuz. Ücretsiz tanıtımdan sponsorlu reklamlara, seçim portöfyü oldukça geniştir. Tabii ki, Amazon dışında, ek pazarlama kanallarına bakabilir ve örneğin kitaplarınızı FacEbook, Instagram ve hatta YouTube üzerinden tanıtabilirsiniz.

15 3 - Başarı Planı

Hayatta üstesinden gelmek istediğine bakılmaksızın, tüm büyük zaferlerin ve başarıların bir plana ihtiyacı var. Hiç taksiye binmeyi ve "nereye gidiyor?" sorusunu yanıtlamayı denedin mi? "İstasyona gitmek istemiyorum!" Bu kesinlikle çok komik ve birçok soru işaretine yol açacaktır. Taksi şoförünün bakışları aklınızdan çok hızlı çıkmayacak, çünkü muhtemelen daha önce hiç böyle bir müşterisi olmamıştı. Bu şeyin komik yanı, hepimizin bunu mükemmel bir şekilde bilmesi. Sadece hayattaki günlük zorluklarımıza hakim olursak, o zaman nereye gitmek istediğimizi bilemeyiz. Çok az insanın somut hedefleri var. Somut bir plan olmadan, asla büyüyemezsiniz, e-kitaplarla başarılı olmayı başaramazsınız, Amazon'u bırakmadan tam potansiyelinizi kullanmazsınız!

Gerçekten başlamak ve başarının başarılması için 6 adımlı bir plana ihtiyacınız var. Bu plan, yüzlerce insanı özgürlüğe, bağımsızlığa ve jet yaşam tarzına yönlendiren, denenmiş ve test edilmiş bir çözümdür. İstediğiniz zaman ve istediğiniz yerde çalışmak, çok değerli bir amaç ve bence e- kitaplarda olduğu gibi başka bir iş modeliyle bu kadar hızlı bir şekilde ulaşmak mümkün değil.

Plana daha yakından bakalım: Hedef Grup Tanımı

Niş Analizi Ölçeği

Metin ve Kapak Tasarımı Tarama
Analiz & Optimizasyon Pazarlama ve Satış Stratejileri

Hedef Grup Tanımı: Kitabı kimin için yazdığını asla unutmamalısın. Pazarlama, ölçeklendirme ve tabii ki satış gibi diğer birçok önemli nokta buna dayanıyor. Sonuç olarak, müşterinin gözlüğüne bakmanız her zaman önemli olacaktır ve bu nedenle müşterilerinizin kim olduğunu bile bilmeniz gerekir!

Niş Analizi: Burası, muhtemelen zaman zaman yeni bir bakış açısı gerektirir. Bu kitabı yazarken, size 2 yılı aşkın bir süredir yürüdüğüm yolu ve 170'in üzerinde başarılı kitabı anlatıyorum. İçinde çalıştığım bu nişler, sevgiyle "kâr getiren nişler" olarak adlandırılıyor. Daha önce de belirtildiği gibi, farklı yayıncılar burada muhtemelen farklı yaklaşımlara sahip olacaklar. Ama biliyorsunuz, temel olarak her zaman okuyucularımızın sorunlarını ve zorluklarını çözmemiz gerekir, değil mi?

Ve tam da bu nedenle insanların çoğunluğunun yardım aradığı nişler ortaya çıkıyor.

Metin ve Kapak Tasarımı: İlk gerçek "el işi" bölümüne, metne veya kapağa geçelim. Hemen önce, profesyonel bir kapak tasarımcısı değilseniz, o zaman tüm kapakların tasarımcılara aktarılması için iyi niyetli bir tavsiye alacaksınız. "İlk izlenim için ikinci bir şans yok!" Bu, Amazon'da bir kitap arayanların yalnızca kapağı algılayabileceği anlamına gelir. Kitabın içinde neyin beklediğini bilmiyorlar ve içeri bakmaya cesaret edip etmeyeceklerini kendileri için karar veriyorlar. Öyleyse kapak, uyandırılmış duygular ya da sadece kışkırtıcı olmalıdır. Bu seviyenin Başarı Planı'ndaki ikinci kısmı da büyük önem taşıyor ve bunu kalbe almalısınız. Yayıncı olarak uzun vadede başarılı olmak istiyorsanız, o zaman en yüksek kaliteyi sunmak zorundasınız. Her zaman, bu kitaptan memnun olup olmayacağınızı ve bu konudaki sorularınızın kitabı okuduğunuzda çözülmüş olup olmadığını sorun. Hiçbir şey para kazanmak umuduyla çöplük yayınlamaktan daha kötü olamaz.

Kapak yapma ve düzenleme bu programla Builderall.com[1] çok kolay yapabilirsiniz. Bu konuda videolara bu linkten ulaşabilirsiniz: https://kolayparakazanma.net/

Tarama: Şimdi büyüme ve gelişme hakkında konuşmaya başlamanın zamanı geldi. Sen de benim gibi en yetenekli yazarlardan değilsen, o zaman hayalet yazarlarının çare olduğu ustaca bir yolun var. Hayalet yazarların ne olduğunu ve onları nerede bulabileceğinizi daha önce tartıştık. Bu noktada, yalnızca farklı alanlarda farklı hayalet yazarlarıyla çalışabileceğinizi ve böylece daha fazla kitap elde edebileceğinizi ve bu planla daha fazla satış yapabileceğinizi belirtmeniz gerekir.

Analiz ve Optimizasyon: Muhtemelen, dünyanın hemen hemen tüm firmalarında, kendini yayınlayanların kendinize ve kitaplarınıza yansıması mükemmel bir durumdur. Hangi kitaplarınızın iyi çalıştığını ve değişiklik yapmanız veya daha fazla satış bulmanız gerekip gerekmediğini analiz edin. Diğer şeylerin yanı sıra, anahtar kelimeleri tekrar tekrar optimize edin ve böylece iyi bir sıralama sağlayın. Bunlar, uygularsanız büyük satış artışlarına katkıda bulunabilecekleri birkaç basit püf noktadır.

---

1. https://bit.ly/2ztTvkJ

Pazarlama ve Satış Stratejileri: Pazarlama gelişmeye devam ediyor ve işte bu kitabı yazarken bizimle birlikte çalışan mevcut pazarlama stratejilerimizden birkaçı...

Şu anda farklı seviyelerde pazarlama yapıyoruz. Bir yandan, Amazon'un doğrudan sunduğu ücretsiz tanıtımla çalışıyoruz. Sonuç olarak, kitaplar daha iyi ve daha önce sıralanırlar. Ek olarak, müşterilere ulaşmak, yardımcı olmak ve tabii ki hizmet, ürün veya başka şeyler satmak için ek fırsatlar sunan harici yazar siteleri kullanıyoruz. Kullandığımız üçüncü çok başarılı yöntem ise Amazon'un şirket içi pazarlama kanalı AMS. Burada, FacEbook reklamlarına benzer şekilde, belirli bir kitap için bir reklam yapılabilir. Bu, kitabı tanıtacak ve satışları önemli ölçüde artıracaktır.

Tabii ki Amazon, kitapların satılmasıyla çok ilgileniyor, telefon görüşmesiyle bile çok iyi destek veriyorlar ve yazılıma destek veriyorlar. Bu kanıtlanmış çözüm, bir kitabın ayda 5 defa veya 50 defa satılıp satılmadığını değiştirebilir. Gördüğünüz gibi, kendini yayınlama daima insanların sorunlarını ve zorluklarını çözmeye odaklanmalıdır. Bu 6 aşamalı başarı planı ile çok iyi konumlandırılmışsınız ve buna bağlı kalırsanız sonuçlar sadece çalışmanızın sonucudur. Satış büyümesi ve istenen yaşam tarzı herkes için gerçekten başarılabilir ve bu etkili ve kontrol edilebilir stratejiler sayesinde, bu iş modeli için güvenlik rayları bile var.

Bu arada, bu kanıtlanmış yöntemle, yüzlerce insan her ay çevrimiçi para kazanıyor! Yazar sayfaları ve diğer pazarlama seçenekleri, son bölümde daha önce bahsedildiği gibi, yazar sayfaları, kendini yayınlayanların reklam fırsatlarının oldukça etkili ve önemli bir parçasıdır. Yazar sayfaları çeşitli şekillerde ayarlanabilir. Bunun için size akıllı ve pratik sayfalar oluşturan ya da sadece kendi sayfalarınızı yaratan uzmanlar çalıştırabilirsiniz. Korkmana gerek yok! Adım adım yardım ile bunu çok kolay ve kısa sürede öğrenebilirsiniz. Gelecekte, müşterilerinizle tekrar tekrar iletişim kurabilmek sizin için önemli olacaktır. Müşterileriniz sizin taraftarınız olmuşsa, bir düğmeye basarak da para kazanabilirsiniz.

Şimdi ne demek istediğimi merak ediyorsun, değil mi? Oldukça basit, zaten bazı yemek tarifleri kitapları yazdığınızı ve ortak iş parçacığının sağlıklı beslenme ve kilo verme yemek tarifleri ile ilgili olduğunu hayal edin. Müşterileriniz kitaplarınızdan heyecan duyuyorsa, sizden başka ürünler de almaya isteklidirler. Örneğin, onlara bir kuruluş bağlantısına sahip çevrimiçi yemek pişirme sınıfı sunabilirsiniz. Müşterileriniz bağlantıya tıklar ve kursu aldıkları farkla doğrudan ilgili sağlayıcıdan aldıkları zamanki gibi kursa girerler. Müşteri listenizde 1.000 müşteriniz olduğunu hayal edin ve bu mutlu bağlantıyı diyet defterlerinizin memnun okuyucularına gönderin. Aniden, yaklaşık % 20, yani 100 müşteri, bu kursu yaklaşık 400 Euro'ya satın aldı. Kurs başına % 25, yani 100 Euro komisyon alırsınız. Bu da toplamda 10 bin avroluk bir komisyon yapıyor. Parayı daha zor ya da doğru hale getirebileceğinizi söyleyebilirim. Bu işlemlerin çalışabilmesi ve buna göre müşterileri listenizde görebilmeniz için, bir FacEbook hayran sayfasının da olması gerekir. Ayrıca, Instagram'da dolaşmalısınız ve günlük pazarlama ve tanıtım faaliyetlerinizi çalışma sürenizin en az % 80'ine genişletmelisiniz. Benim düşünceme göre, pazarlama da müşterilerle iletişim içerir. Burada, özellikle FacEbook fan sayfanız ve Instagram ile görüşmelerde bulunabilmemiz için bizi arayan müşterilerinizle doğrudan bağlantı kurmalısınız. Bu size ürünleriniz veya proseslerinizle ilgili her türlü anlaşmazlığı derhal bulma ve bunları temizleme fırsatı verecektir.

Amazon'da bir kitap bulmanın iki yolu vardır:

1. kitabınız için seçtiğiniz kategori ve 2. kitabı gönderirken girdiğiniz başlık, açıklama, incelemeler ve anahtar kelimeler. Başlık ve kitabın açıklaması kitabın en önemli yerleridir. Çünkü buralar okuyucuyla ilk buluşma anınızdır. Onları kendinize çekebilecek misiniz, yoksa onları başka kitapları araştırmaya mı iteceksiniz. Ayrıca, sitede kitabınızı yayınlarken müşterinin kitabınızı bulmak için aradığı kelimelerle ilgili 7 anahtar kelimeye kadar anahtar kelime girebilirsiniz. Hangi arama terimlerini sık sık girildiğini daha iyi bilirseniz, kitabınız arama sonuçlarında o kadar erken bulunur ve gösterilir. İşte bir örnek: Bir ejderha hakkında bir çocuk hikayesi yazdım. Aslında bu hikayeyi ejderha, çocuklar, sesli okuma, tarih, çocuk hikayesi, ejderha hikayesi ve okuma tarihi anahtar sözcükleriyle siteye kaydettim. Benim için bu anahtar kelimeler iyi anahtar kelimeler olarak göründü. Ama bir noktada, incelemelerimde yatmadan önce hikayenin ortaya çıktığını gördüm. Bunu Schwupps için bir anahtar kelime olarak kullandım. Satış rakamlarımın patlaması inanılmazdı. Sonra aniden uyku hikayeleri kategorisindeki listelerde 1 numara olduğumu gördüm. Olağanüstü bir şeydi.

Yapılacak tek şey, satış rakamlarınız düzelene kadar anahtar kelimelerinizi optimize etmek. Bir kitabı yazmadan önce kitap açıklamasını düzenlerim. Böylece konuyu ayarlayabilirim, okuyucunun ne beklediğini biliyorum ve hedeflerimi zaten kitap açıklamasına kaydedebiliyorum. Böylece "harika bir kitap yazacağım" motivasyonunu kazanıyorum. Kitap açıklaması, okuyucunun kitabınızı alıp okuduğu zaman sahip olacağı tüm yararları göstermelidir. Kitabın ne sunuyor? Kitabınız hangi problemle yardımcı oluyor? Müşteri problemini ne kadar çabuk çözebilir? Neden konuyla ilgili en iyi kitap bu? Kitabın açıklamasını bu şekilde yazın, böylece müşteri kitabınızı satın alabilir. Kitabında başka neler var? İyi bir başlık ve iyi bir altyazı. Unvanınızı ne kadar özlü ve ilginç seçerseniz, potansiyel müşteriler kitabınıza o kadar dikkat eder. Rakiplerinizin unvanlarına bir göz atın. Başlık kitabın faydası hakkında bir şey söylüyor mu? Başlık bir anahtar kelime içeriyor mu? Kullanıcı zaten başlığı tanıyabilir mi, kitap onlara nasıl yardımcı olacak? İyi bir başlık ve anlamlı bir alt başlık hakkında düşünün. Doğru yaparsanız, kitabınız hızlı bir şekilde birçok okuyucu bulacaktır. Bu arada, kitabınızı yayınladıktan sonra başlığı tekrar tekrar değiştirebilirsiniz.

AMAZONDA KiTAP SATMA VE CLICKBANK DE KiTAP SATMA KURSUMUZ iCiN:TIKLA[1] -ÜCRETSiZ KiTABIMIZI ALDIKTAN SONRA KURSUMUZA KATILABiLiRSiNiZ)

Buna kitabın kapağı ve ilgili bazı yerleri de dahildir.

Çünkü: metin okunamıyor olabilir, detaylar ortaya çıkmıyor olabilir, renkler başlığın görünürlüğünü etkiliyor olabilir. Bunun için benzer bazı kitalarda bunların nasıl yapılığını

---

1. http://www.internettenkurs.com/

öğrenmek için Amazon'a bakabilirsin. Burada çok profesyonel ve çok kötü kapaklar var. Kitabınızın birçok okuyucu tarafından fark edilmesini istiyorsanız, kapağa özen gösterin. İsterseniz kendi başınıza bir kapak oluşturabilir veya bir grafik tasarımcıdan sipariş edebilirsiniz.

Genellikle, iyi kapaklar 50 ila 200 avro arasındadır. Kitabınızı yayınladıktan sonra istediğiniz zaman kapağınızı istediğiniz sıklıkta değiştirebilirsiniz. Bunu sadece sana önerebilirim. Yeni kapaklar deneyin ve her kapağın satış rakamlarını nasıl etkilediğini görün. Ancak, yalnızca bir ayrıntıyı değiştirin. Basit araçlarla bir kapak oluşturabilirsiniz. Resimlerin entegrasyonu kolaydır. Başlığın boyutunu, yazı tipini ve görünümünü değiştirebilirsiniz. Kapağınızı Gimp veya Builderall.-[2] com[3] gibi bir resim editörü ile oluşturmaya çalışın.

Bu, temanıza uygun güzel resim kolajları oluşturmanıza olanak sağlar. Kapağınızı zenginleştiren metin ve resimlerle harika efektler oluşturmak mümkündür. Ayrıca Amazon'un ücretsiz kapak yazılımı da var. Bunu, e-Kitabınızı Amazon'a yüklediğiniz sayfada bulabilirsiniz. Ancak, tarayıcı tabanlı çalışan çok iyi çevrimiçi tasarım programları da vardır. Bunlar yükleme gerektirmez.

Myecovermaker.com web sitesi ücretsiz olmasa bile tavsiye ederim.

Bu program Facebook'ta veya kendi web sitenizde kullanabileceğiniz fantastik resimleri oluşturmanızı sağlar.

---

2. https://bit.ly/2ztTvkJ

3. https://bit.ly/2ztTvkJ

Kitabınızın şemaasını oluşturun: giriş, ana bölüm, final / özet ve her zaman en az bir soru. Kitabınız için en iyi anahtar kelimeleri (7 adet), ön kitap açıklamanızı (en az 150 kelime) yazın ve anlamlı birkaç anahtar kelime oluşturun. Bir başlık ya da alt başlık oluşturun, tercihen bir ya da iki anahtar kelime ile. Bir kapak oluşturun (boyut: 1563 piksel x 2500 piksel - genişlik x yükseklik). Ve kitabınızı yazın.

Derslerimde yeterince söyleyemem: herkes yazabilir. Son zamanlarda izlediğiniz bir filmi kesinlikle yeniden satabilirsiniz, değil mi? O zaman sen de yazabilirsin. Hiç mektup ya da bir e- posta yazdın mı? O zaman bir kitap da yazabilirsin. Sonuçta, Nobel Edebiyat Ödülü'nü kazanmanız gerekmiyor. Ancak okuyucularınıza her zaman dürüst ve iyi içerik sunmanızı öneririm. Çünkü ancak o zaman uzun vadeli bir başarı elde edebilirsiniz. Alıntıları çok sık kullanmamaya çalışın. Hiç olmazsa aynı metni kendi sözlerinle yazmayı deneyin. Yeni bilgiler getirecek veya okumayı ve anlamayı kolaylaştıracak şekilde yeniden oluşturun.

Yazı yazmak için bazı ipuçları.

1. Düzenli yazarsanız zamanla daha iyi olursunuz. Ben her gün en az bir iki saat yazıyorum. Bazen daha fazla sayfa olur, bazen daha az olur. Gerçekten bunu her gün yapıyorum. İşte size 30 gün içinde nasıl bir yazma alışkanlığı oluşturacağımı gösterdiğim bir tavsiye.

2. Yazma zamanınız kutsaldır. Eğer yazarsan, hiç kimsenin ve hiçbir şeyin dikkatini dağıtmasına izin verme. Çoğu insana göre, yazmak için çok az zaman var. Gerçekten bir şeyler yapmak istiyorsan, dikkatini dağıtmasına izin verme.

3. En iyi yazma zamanım sabah erken saatlerdir. Çünkü herkes uyuyor ve evin içi sessiz. En iyi ne zaman yazabilirsin? Dene, öğren. Bu, cümlelerinin kalitesini kesinlikle etkileyecektir. Akşamları mı daha iyi yazabiliyorsun yoksa öğle saatlerinde mi? Bunu sadece deneyerek öğrenebilirsin.

4. Sadece yazmaya başlayın. Yavaş yavaş gidin. Nerede aklınıza bir şey gelirse not edin ve bunun hakkında önemli bilgiler yazın.

5. Yazma zamanınızla araştırma zamanınızı birbirinden ayırın. Yazarken, kaçınılmaz olarak küçük bir bilgiye ihtiyaç duyduğunuz bir noktaya gelirsiniz. Şimdi araştırmaya başlarsanız, oraya yazmaya geri dönmek çok zor olacak. Bu noktada o bölüme bir not düşüyorum(3x bir X veya XYZ veya sadece ++++++ içeren bir satır). Böylece tekrar aradığımda ilgili bölümü hemen buluyorum. Eğer daha sonra araştırmam gerekiyorsa da onu orada yapılması gerekenler arasına dahil ediyorum.

6. Kitap tanıtımını yazın. Asıl kitapla başlamadan önce, bir ön kitap açıklaması yazın. Okuyucu kitabınızı okuduğunda ne bekliyor? Ona bu konuda nasıl yardım edebilirsin? Kitabınız konu için nihai (aptalca bir kelime) bilgi kaynağı mı? Kitap açıklamasına başlamadan önce, forumlarda ve bloglarda yayınlanan tüm soruları okuyun. Ayrıca, satış listelerinde yazılan yorumları gözden geçirin. Böylece kitabın açıklamasını kullanarak kitabınızı diğerlerinden açıkça ayırt edebilirsiniz.

7. Özeti, kitap tanıtımından hemen sonra kitabınızın sonuna yazın. Çünkü özette, kitap açıklamasının tüm noktalarına tekrar geri dönebilirsiniz. Okuyucularınızın kitabınızda öğrendiklerini bir yere yazın. Ve sonra, kitabın sonunda, okuyucunun bilgilerinizden memnun olup olmadığınıda dairolumlu bir puan istersiniz.

8. Örnek olay incelemelerini seviyorum ve okuyucularınız da mutlaka sevecektir. Örnek olay incelemeleri, okuyucunuzun kendisini bulduğu anlaşılır durumları listeleyerek karmaşık ilişkileri daha kolay görselleştirmenizi sağlar. Bazı yazarlar, yazarların uzmanlık statüsünü yükselten ve aynı zamanda okuyucuyu yazarla bağlayan kendi bakış açısıyla vaka yazarlar. Örneğin, kilo verme konusu söz konusu olduğunda eğer yazar, kendisinin yönettiği gibi kendi perspektifinden kilo vermek için en iyi ipuçlarını yazarsa, okuyucu çok dikkatlidir ve ipuçlarını derhal en iyi şekilde uygulamak ister.

9. Fikirler konusunda bir kez daha, gerçekten bir şey düşünmemelisiniz. Böyle şeyler aklınıza geldiği zaman size en yakın büfeye bir yürüyüş yapmanızı öneririm. Bulunduğumuz yerdeki transit tren istasyonuna 500 metre uzaklıkta bir tane büfe var. Orada düzenli olarak dergileri kontrol ediyorum. Bana ne çekici geliyor? Hangi ipuçlarını kullanabilirim? Ne hakkında yazabilirim? Evden ayrılmak istemezseniz ve hemen

fikir sahibi olmak istiyorsanız size bir site önerebilirim. Ama bence siz yine de evden çıkmayı düşünün. Büroşürler internet adreslerine girerek en sevdiğiniz konuları araştırın. Burada en son sürümlerin en son kapaklarını görece ve hangi konuların ilgi çekici olduğunu hemen göreceksiniz. Sana ne çekici geliyor? Yani harika bir fikir bulacağınızdan emin olabilirsiniz. Ve senin için başka bir önerim daha var. Sihirli kelimelerle yeni fikirler de bulabilirsin.

1. Bir yazar olarak, bütün gün masanızda oturamazsınız. Ayrıca temiz havaya ve dikkat dağıtmaya ihtiyacınız var. Sadece düzenli hareket etmenizi tavsiye ederim. Kendizine bir saat yazma zamanı ayarlayın. Alarmı kurun. Bu süre zarfında 2000 kelimenizi veya daha fazlasını yazın ve ardından en az 30 dakikalık bir mola verin. Hafif egzersizler yapın. Gevşetin kendinizi. Yürüyüşe çıkın. Çamaşırları yıkayın. Bahçedeki bitkilerinizi sulayın veya kapınızın önünü süpürün. Yapacağınız en önemli şey, yazıyla ilgisi olmayan bir şeydir. Bu, yazmaya nasıl devam edeceğiniz konusunda hiçbir fikrinizin olmadığı zamanlarda da yararlıdır. Günde en az 30 dakika kesintisiz yaz. Bu bir günlük,

blog veya forum olabilir. Yazma alıştırması yapmak çok önemlidir. Çünkü sadece o zaman kendini geliştirebilirsin. Zamanla daha kolay yazmaya başlayacaksın. İfadeniz gücünüz artacak ve metinlerin okunabilirliği çok daha iyi olacaktır. Çok şey okuyanlar, kelime haznelerini yenilerler, kendilerini daha iyi ifade edebilir ve düşünceleri kelimelere dökebilirler. Bu yüzden sizlere tavsiyem her gün okuyun. En iyi yazma zamanınızı bulun. Yazarken dikkatinizi dağıtacak her şeyi kapatın. Kitabınıza odaklanın, Yazma ve araştırma zamanlarınızı birbirinden ayırın. Yazdıktan sonra temiz hava alın ve hareket edin.

İçindekiler Tablosu Oluşturma Benim için e-kitaplarla ilgili özel olan şey, her şeyden önce bir okuyucu olarak istenen bölüme dinamik olarak atlamamı sağlayan içindekiler tablosudur. Dinamik bir içindekiler tablosu çok özel bir şey. Bunu Word ile oluşturmak biraz garip. Önce, Word veya Open Office'i kullanarak bir içindekiler tablosu oluşturun.

Sonra belgenizi normal olarak kaydedin. Google Dokümanlar'a gidin ve dosyanızı alın. Basitçe oka tıklayın ve kaydedilmiş dosyanızı seçin. İçindekiler linklerinin çalışıp çalışmadığını derhal kontrol edin. İçindekiler tablosuna fare ile tıklayın ve yuvarlak güncelleme okunu tıklayın.

Depolama işlemi Google Dokümanlar tarafından otomatik olarak yapılır. Sonra dosyayı bir PDF dosyası olarak kaydedersiniz. Tüm oluşturulan bağlantıları ve işaretçileri / yer imlerini verdiğinizden emin olun. Şimdi, içindekiler tablosunun yazıldığı ve mükemmel çalıştığı bir PDF belgesine sahipsiniz.

Kelime işlemcinizde bir içindekiler tablosu oluşturun. Kitabınızı biçimlendirin. PDF olarak kaydedin. Böylece yazılarınızın başkalarının kötü

emellerine hizmet etmesinin önüne geçebilirsiniz. Elbette, bununla başa çıkmanın da her zaman yolu vardır, ancak bu genellikle pahalı ve zahmetlidir ve bu nedenle daha da olası değildir. Popüler PDF formatı, ücretsiz Acrobat Reader veya uyumlu bir uygulamanın yüklü olduğu tüm bilgisayarlarda ve tabletlerde okunabilir. Ne yazık ki, buradaki dezavantaj, çoğu e-Okuyucunun ekitabı doğru şekilde görüntülememesi ve daha sonra sabit paragraflar, satır kesmeleri veya dönüşüm olmadan sayfa mizanpajlarının istenilen şekilde görüntülenmemesidir.

Çözüm, PDF belgenizi çeşitli e-Okuyucu biçimlerine dönüştürmenize olanak tanıyan ücretsiz bir programdır. Bu program calibre'dir ve www.calibre.de Bilgisayarınızda Calibre ile e- kitaplarınızı çeşitli formatlarda dönüştürebilir ve görüntüleyebilirsiniz. Bu, bireysel eReader modellerini simüle etmek için çok kullanışlıdır. Böylece, kitabınızı başkalarına satışa sunmadan önce metninizi benzetilmiş bir Kindle, iPad, Sony PRS veya Tolino'da önizleyebilirsiniz.

İşte basit bir Alman video eğitimi. PDF belgesini başka bir formata dönüştürmek gerçekten kolaydır. Eğer "calibre[1]" programını kurmuşsanız, lütfen açın. İlk önce, sol üstteki "Kitap Ekle" simgesine tıklayın. Klasör yapınızla birlikte bir pencere açılır.

Şimdi PDF belgenizi kaydettiğiniz yeri seçin. Bunu aç. Calibre, şimdi dosyayı içe aktarır ve ardından kitap listesinde

---

1. https://www.internettenkurs.com/

görüntüler. Ekitabınızı seçin (1.) ve ardından "kitap dönüştür" (2) simgesinin sağındaki küçük oka tıklayın. "Tek tek dönüştür" seçeneğine basın. Program şimdi farklı seçenekleri seçebileceğiniz başka bir genel bakışa geçiyor. Burada bir kez daha başlığı, yazarı, başlık sayfasını ve ek bilgileri değiştirebilirsiniz. Her şey sizin için uygun görünüyorsa, istediğiniz formata dönüştürmeye başlayabilirsiniz.

Pencerenin sağ tarafının en üstünde "Çıkış formatı" alanı ve arkasında "mobi" veya "epub" ön ayarının olduğu bir liste kutusu bulunur. Şimdi, formatın yanındaki küçük oka tıklayarak kapsamlı formatlama şablon listesinden uygun formatı seçin. Ardından sağ alt kısımdaki "Tamam" düğmesine tıklamanız yeterlidir ve biçimlendirme başlar. Bu ücretsiz programda birkaç tıklama ile, profesyonel bir e-Okuyucu formatına sahip olursunuz. Çok basit ve rahat, bu doğru.

Şimdi çalışmanızın başlığına tıklarsanız, geçerli görünümü göreceksiniz. Pencerenin sağ tarafı size daima dönüştürmüş olduğunuz biçimleri gösterir ve "Yol" üzerindeki "Aç" düğmesine basıldığında belgelerin nerede saklandığı gösterilir. Program çok iyi, çünkü kitabınızı tüm popüler formatlarda hazırlayana kadar bu dönüşümü tekrarlayabilirsiniz.

Ortak Formatlar ePub: Bu, çoğu eRead tarafından desteklenen formatın adıdır. Bu arada, bu formatta, bireysel metin tasarımına ek olarak ses, resim ekleme ve videoları gösterme seçeneği de var. PDF: İnternette mevcut olan çoğu belge bu dosya biçiminde sunulur. Çoğu e-Okuyucu bu formatı temsil edebilir. Ne yazık ki, metinlerin görünümü her zaman çok uygun olmayabilir. Bu okurken sizi çok rahatsız eder. MOBI: Bu format Amazon tarafından kullanılır ve Amazon'dan eReader Kindle için çok uygundur. Kitabınızı Amazon'da sunmak istiyorsanız, size bu formatı öneririm. Göreviniz: - Belgenizi oluşturun ve uygun formata dönüştürün. Amazon'da çalışmak Amazon'da bir kitap satmak hiç de zor değil. Bunu da yapabilirsiniz. Sadece bu kılavuzdaki adımları takip edin. Bununla birlikte, bunlar Amazon'daki mevcut sürümden farklı olabilir, çünkü Amazon burada ve çok az şey değiştirir.

KURSLARIMIZA KATILMAK için link üzerinden ücretsiz kitabımızı indirin ve elemanlarımızlarımızdan ders almaya başlayınhttps://bit.ly/2VMMsfd

Amazon KDP

Adım 1: KDP'ye giriş yapın. Bunun için Amazon hesabınızı kullanabilirsiniz. İsterseniz yepyeni bir KDP hesabı da oluşturabilirsiniz. Bu arada, dili Almanca'nın sağ üst köşesindeki çubukta ayarlayabilirsiniz.

Adım 2: Kitabı ayarlayın "Yeni kitap" düğmesine basın, kitabınızın ayarlarına girersiniz.

Adım 3: Kitap Ayrıntılarını Girin Başlığı ve alt başlığınızı arkasına girin. Tavsiyem: Sadece bir anahtar kelimeyi parantez içine alın. O zaman kitabın daha iyi bulunacak. Aşağıdaki bilgiler gerekli değildir: seri, sürüm numarası ve yayıncı. Kitap açıklaması kutusunda, bitmiş kitap açıklamasını ona kopyalayabilirsiniz. Burada kitabınızın "kamu malı değil" olduğunu belirtiyorsunuz. Çünkü bunu sen yazdın. Bu adımda, kitabınız için iki iyi kategori seçmek önemlidir. İdeal iki farklı kategoridir, çünkü farklı bir kategoride arama yapma fikri olmayan okuyuculara da hitap edebilirsiniz. Örneğin, kitabınız bahçe bitkileriyle ilgili. Mantıklı bir şekilde Bahçecilik> Genel kategorisini seçersiniz. Şimdi zekiysen, ikinci kategori beden, zihin, ruh> şifa> enerji seçersin, çünkü kim bahçecilikten daha fazla enerji ve rahatlama bulmaz? Sonra yedi anahtar kelimenizi girin. Tek tek anahtar kelimeleri virgülle ayırın. Bir anahtar kelime ayrıca aralarında virgül koymadan iki veya daha fazla kelime (öbek) içerebilir.

Adım 4: Kapağı ayarlayın "Resim ara" düğmesine tıklayın. Hemen bir pencere açılır ve sabit diskinizin klasör yapısını gösterir. Oluşturduğunuz kapağı arayın. Seç ve yükle. .Jpg biçiminde olduğundan emin olun. .Png dosyalarıyla, sistem hiçbir şey yapamaz ve yüklemeyi iptal eder. Burada ayrıca bir kapak "Kapak Oluşturucusu (Beta)" göreceksiniz. Bunu denemek için bekliyoruz. Amazon, yenilikleri tekrar tekrar burada tekrar gözden geçirir, böylece bir görünüm kesinlikle faydalı olacaktır.

Adım 5: E-kitap dosyası yükleyin. Lütfen dijital haklar yönetimini etkinleştirin ve ardından "Gözat" üzerine tıklayın. Sabit sürücünüzün klasörüne genel bakışta Mobi kitap dosyanızı arıyorsunuz.

Bunu tıklayın ve yükleyin. Amazon'un dosyayı kontrol etmesi ve veritabanına yerleştirmesi nedeniyle bu işlem biraz zaman alabilir. İçeriği kontrol etmez, ancak dosyanın formatta uygun olup olmadığını kontrol eder. Bir kez yapıldıktan sonra Amazon, kitabınızı aynı tarayıcı penceresinde sanal bir Kindle'da görüntüleme ve hatta onu çevirme seçeneği sunar.

Adım 6: Kaydet ve bir sonraki sayfaya git. Bir sonraki sayfaya gitmek için "Kaydet ve Devam Et" i tıklayın.

Adım 7: Yayın alanı. Bu ayarı olduğu gibi bırakabilirsiniz. Tecrübelerim gösteriyor ki, herhangi bir ülke aynı zamanda Almancaveya ingilizce kitap satın alabilir.

Adım 8: Fiyatlandırma. Henüz kitabınızın fiyatı hakkında hiç bir şey düşünmedik. Ancak endişelenmeyin, bir kez ayarladıktan sonra fiyatı değiştirebilirsiniz. Her şeyden önce, gelirin % 35'ini almayı seçebilirsiniz. O zaman kitabını ucuz 99 kuruş için teklif edebilirsin. Veya gelirin % 70'ini almak istiyorsanız kitabın fiyatını daha yükseğe koymalısınız ve ekstra teslimat için maliyetler size ek olarak gelecektir. Kitabınızı 10 avrodan daha az ücretle satışa koyarsanız, bu maliyetler tek basamaklı yüzde aralığındadır. Neden teslimat ücreti var? Oldukça basit: Kitabınızın dosyası ne kadar büyükse, sunucuyu Amazon'dan o kadar fazla yüklersiniz (depolama alanı ve akış hacmi). Bu Amazon için ödenir. Şimdi kitabın fiyatını belirleyebilirsin. Hangi yüksekliği ayarlamalısın, bu kadar kolay cevap veremem. Çok sezgisel ve hangi fiyatın uygun olduğunu test etmeniz gerekiyor. Ancak her zaman farklı fiyatlar denemeye devam edin. Özellikle haftasonları Amazon'a bakıp kitap satın alan çok sayıda müşteri var. Bazıları bu kadar düşük kitap fiyatlarında çılgınca alışveriş yapıyor. Bu yüzden hafta sonları, cuma akşamları fiyatları test etmeyi seviyorum.

Adım 9: Kindle Matchbook. Bu, kitabınızı Amazon'da basılı bir sürüm olarak da sunarsanız ilginçtir. Çünkü bu kutuyu işaretlerseniz, basılı kitabınızın alıcıları (basılı olarak teklif ederseniz) ekitabınızı ücretsiz olarak indirebilirsiniz. Amazon size ekstra para verecek. Her e-kitap için fazla değildir en azından.

Adım 10: Kindle Book Kredisi Premium Amazon müşterileri ayda en fazla bir kitap ücretsiz ödünç alabilirler. Kitabınıza kayıt yaptırmak istiyorsanız, ödünç verdiğiniz her kitap için ek gelir elde edersiniz.

Kitabınız için doğru pazarlamayı yamanın şimdi tam zamanı! E-Kitabınızı Amazon'da online olarak tamamladınız. Hey, bu harika. Şimdi kitabınızı tanıtmanın ve yeni müşteriler edinmenin zamanı geldi. Tabii ki, ailenizden ve arkadaşlarınızdan kitabı satın almalarını ve incelemelerini isteyebilirsiniz. Bu meşru bir yöntem ve muhtemelen herkes bunu yapıyor. Ancak, kitabınızı çok iyi bildiğiniz takdirde gerçekten başarılı olacaktır. Bunun için emrinde tam bir internet var, bu konuda çalışmanızı teşvik etmeniz gerekir. Şimdi, kendi sayfanıza, blogunuza ve sosyal medyaya ihtiyacınız olduğunu söylediğimde pek çok tanınmış İnternet pazarlamacısı gibi göründüğüme eminim. Tamam, olması güzel, ama mutlaka bir zorunluluk değil. Kitabınıza önceki adımlarda biraz araştırma yaptınız. Bloglar ve forumlar bulundu. Burada kitabınızı yararlı bir kaynak olarak belirleyebilirsiniz. Hızlı bir şekilde forumdan spam olarak yasaklanacak veya blogdan silineceksiniz. İlk önce potansiyel müşterilerle iletişim kurmaya çalışın. Mümkünse onlara yardım edin. Uygun sorular sorun, arkadaşça cevaplar verin. Ve eğer düşünürseniz, hey, bu kitap size yardımcı olabilir, o zaman kitabınızı sunarsınız ya da tüm bu soruları kitabınızda ayrıntılı olarak cevapladığınıza dair ince bir ipucu verirsiniz. Kendi blogunuza, Facebook'taki kendi hayran sayfanıza ve bir Twitter hesabına ek olarak, Google Adwords gibi reklam kanallarını ve hatta Facebook reklamlarında daha ucuz olan alternatifleri kullanabilirsiniz. Bu, çok pahalı olmayan, ancak çok fazla müşteri getiren hedefli reklamlar yapmak için kullanılabilir. Şahsen, Google AdWords'ü sevmiyorum çünkü zamanını geçirmek istemediğim çok fazla kafa karıştırıcı seçenek sunuyor. Daha çok fikri kitaplara dönüştürmek istiyorum. Bu nedenle, ucuz, hızlı ayarlanmış ve analiz edilmesi kolay olan Facebook reklamlarına güveniyorum. Facebook, kitabınızı tanıtmak ve Facebook arkadaşlarınızı yardımcı olarak kullanmak için daha da fazla fırsat sunar. Kitabınız her halükarda birçok alıcıya (mümkünse bir günde) ve birçok iyi eleştiriye (4-5 yıldız), olabildiğince erken ihtiyaç duyuyor. **İki kolay yol var:**

1. Facebook'ta Hintli yazarların gruplarını arayın. Arama terimlerini kullanın: e-kitap, grup, yazar, almanca, amazon, kindle (evet kasıtlı olarak küçük yazılmış. Arama motorları

büyük veya küçük yazılsa bile umursamaz). Facebook'ta aramayı genişletmenin kolay bir yolu var: Arama terimini girin: ebook. Enter tuşuna basmayın, ancak "*** için daha fazla sonuç" göstermek için alt kısımdaki arama çubuğundaki fare işaretçisine basın. Şimdi arama terimiyle eşleşen grupların, hayran sayfalarının veya kullanıcıların listesini alın. Bir grup veya hayran sayfasının ne kadar güçlü olduğunu üyelerin, beğenilerin veya hayranların sayısından öğrenebilirsiniz.

1. Kendi grubunu kur ve seni desteklemek isteyen arkadaşlarını davet et. Ancak her şeyden önce, birbirleriyle destek olmak için iletişim kurduğunuz diğer yazarları davet edin. İsterseniz bana Facebook'ta bir mesaj gönderin, o zaman diğer yazarlarla bağlantı kurmanıza yardımcı olacağım. Sırada ne var? Bir kitabı ne zaman yayınlarsanız, yazar ağınıza bir mesaj yazar ve kitabınızı 99 sente satın almak için bir gün belirlersiniz. Bu gün kitabınızı mümkün olduğu kadar satın almalısınız, böylece Amazon sıralamasında yükselir ve başkaları tarafından bulunur. Ayrıca, ağa bağlı yazarlarınızı ücretsiz bir promosyona davet edebilirsiniz, ancak bunun 99 kuruşluk bir satın alma gibi sıralama üzerinde bir etkisi olmadığını buldum.

Kendiniz deneyin, yeni kitabınızın sıralamadaki hızının ne kadar hızlı olduğuna şaşıracaksınız. Bir Amazon yazarı olarak mutlaka bilmeniz gereken bir pazarlama aracı. Bu senin yazarının karargahı. Yazarın merkezi = "Author Central" ile okuyucularınızı siz ve kitaplarınız hakkında resimler ve bilgilerle besleyebilirsiniz. Kendini tanıt. Güzel bir profil resmi oluşturun. Tüm kitaplarınızı tanıtabilir ve bazı resimler ekleyebilirsiniz. Amazon'daki kendi blogunuzla, yazdığınız ve gelecek kitaplarınız hakkında rapor verebilir ve okuyucuların dikkatini kitaplarınıza çekebilirsiniz. Yeni kitaplarınız bu yöntemle çok hızlı bir şekilde bulunacak ve satış numaraları sizi ödüllendirecek.

Facebook'a git ve kitabına bir gönderi paylaşın + Amazon'a bağlantı oluşturun. Bu yayını, olabildiğince çok Facebook Akışında görünecek şekilde tanıtın. İlk olarak, doktora için 5-10 Euro yeterli, ilk sınav olmalı. Kitabınızı gönderebileceğiniz ve size yardımcı olacak başka yazarları (satın alma ve inceleme) nerede bulabileceğiniz ve kitap satın alabileceğiniz e-kitap yazarları için Facebook'ta arama yapın. Kendi Amazon yazar profilinizi oluşturun ve kendiniz ve kitabınız hakkında en az 100 kelimelik bir metin yazın. Başarı Stratejileri İlk kitabında motivasyon dolu bir sonraki kitaba koştukları çok başarılı olan bazı yazarları tanıyorum. Diğer yazarlar için başarı sadece ikinci veya üçüncü kitapla gerçekleşti. Bununla ne demek istiyorum? Hiçbir şekilde ilk kitabınızın müthiş bir gişe vuruşu yapmasını beklememelisiniz. Mütevazı kalın, ilk çalışmanızın tadını çıkarın. Birçoğunun yapmadığı olağanüstü şeyler yaptınız, çünkü onların uygulama güçleri yok. Ancak, Amazon'u kullanarak bir kerede yazılmış bir kitapla 1000 dolara ne kadar çabuk çıkabildiğinizi görünce şaşıracaksınız. Bu, bana kitabın ismini verdiğim sözümü getiriyor.

Kitabınızla ilk 1000 Euro'unuzu nasıl kazanabilirsiniz? Kitabınızın satışı, kitabınız çevrimiçi olduğu anda başlar. İlk gün bir satış gerçekleşmezse, kafanız karışmasın. Rekabet şimdi bunun için çok büyük. Ancak, kitabınızın önümüzdeki dönemde size 1000 avro ve daha fazla ve düzenli olarak getireceğini garanti ediyorum. Kitabınızın başarısıyla alakalı unsurlar şunlardır: geniş kitlelere sahip iyi bir konu, iyi bir kapak (çünkü görsellik önemlidir), iyi bir kitap açıklaması (okuyucular için bu kitabı ne satın almaları gerektiği anlatılır), içerik (iyi yazılmış bir kitabın bulunabilmesi için iyi bir pazarlama)

İlk kitabınızın başarısıyla beklemeyin, bir sonraki kitabınızı yazın. Çünkü ilk çıkışınız niş bir konu olsa ve sadece birkaç okuyucu bulsa bile, bir sonraki kitabınızla, ilk şansınız için başarı şansınız da artar. Bir rehber kitap ya da hikaye yazıyor olsanız da, ne kadar çok yayınlarsanız, o kadar iyi olursunuz. İnanın bana, yayınladıktan sonra ilk kitabımı birkaç kez yeniden yazdım. Ama ilk hali daha iyiydi. Zamanla, yazı bağımsız hale geldi. Yazmak, bunun için zaman harcamak mükemmel bir duygu. Ve ay sonunda Amazon'un bana ödediği miktar da çok güzel.

Yazma tarzınızı geliştirmek ve düzenli olarak yazarak yeni kitaplar oluşturmakla kalmaz, gelirinizi artırmak için de kullanabilirsiniz. Ve bunu pasif gelirle güvence altına alın. Pasif gelir - Bir zamanlar çalıştığınız ve tatilde veya hobilerinizin peşinde olsanız da, hesabınıza kalıcı olarak aktarılan parayı kastediyorum. Bu kulağa harika geliyor ve birkaç yıl önce mümkün değildi.

Reklamverenlerin cebimizden para çekmemizi istedikleri bir efsane gibi görünüyordu. Ama bugün mümkün. Virüs bulaşmış olsun (evet, benim de demek istediğim bu). Burada öğrendiklerinizi her zaman tekrarlayabilir ve başarılı bir şekilde kullanabilirsiniz. Eğer ilk kitabınızı bitirdiyseniz, lütfen bana bildirin. Satın almayı ve yorumumu sizlere sunmayı seviyorum. Başarınız benim için büyük bir zevk, hazır olduğunuzda bana haber verin! Kitabımı beğendiyseniz, sizden bir inceleme bekliyorum! Teşekkür ederim! Üstelik unutmadan önce - burada genişletilmiş ve gözden geçirilmiş bir sürümü okuyorsunuz - yazım hatalarını, veya mantık hatalarını fark ederseniz lütfen bana yazınız. Şimdi devam et, uzun süre bekleme. Kalemi al ya da tuşlara bas.

AMAZONDA ve CLICKBANK DE KiTAP SATMA KURSUMUZ iCiN:**https://bit.ly/2VMMsfd**

info@internettenkurs.com hakanuytan@hotmail.com
Hakan Uytan
Kitaplarınızı satabileceğiniz sayfalar:

TÜRKCE:www.dijitalalsat.com[1]
  Copecart : https://bit.ly/3dzELQ2

YABANCI :draft2digital,.kobo, BOD, Ebozon, XinXii, ePubli, Amazon Kindle Mağazası, clickbank,Google Play

---

1. http://www.dijitalalsat.com/

Kurslarımıza katılmak için link üzerinden elemanlarımızlarımızdan ders almaya başlayınhttps://bit.ly/2VMMsfd

Diğer Kitabımı okumayı unutmayın

https://bit.ly/3cJbZMz

14 Gün BEDAVA Webtasarım programı: <u>Size gerekli olacak en önemli bütün Proğramların toplandığı tek bir Program:</u>https://bit.ly/2ztTvkJ

Bizi Takip edin:

<u>YOUTUBE</u>[2]

SORULARINIZI: hakanuytan@hotmail.comyazabilirsiniz

Don't miss out!

Visit the website below and you can sign up to receive emails whenever Hakan Uytan publishes a new book. There's no charge and no obligation.

https://books2read.com/r/B-A-SJEK-KJHHB

BOOKS2READ

Connecting independent readers to independent writers.

Also by Hakan Uytan

internetten Para Kazanmanın en Kolay Yolu
KiTAP YAZARAK PARA KAZANMAK
156 Sweets Recepis
İnternet para makinası
Smoothie Rezepte 201
İnternetten Ayda 2000 $ Kazanma Taktiği
KISA SÜREDE SiGARA NASIL BIRAKILIR
Kısa sürede sigara nasıl bırakılır